Schirner Verlag

GABY SHAYANA HOFFMANN

ICH BIN
LICHT UND LIEBE

ERINNERE DICH AN DEIN WAHRES SELBST

Begleitbuch zu den 44 Karten

Schirner Verlag

Wir verzichten auf das Einschweißen unserer Kartensets – **UNSERER UMWELT ZULIEBE!**

ISBN 978-3-8434-9167-9

Gaby Shayana Hoffmann
Ich bin Licht und Liebe
Erinnere dich an dein wahres Selbst

2. Auflage Juni 2022

Box & Layout des Begleitbuchs: Hülya Sözer, Schirner,
unter Verwendung von Bildern von Gaby Shayana Hoffmann
Gestaltung der Karten, des Covers und Illustrationen: Gaby Shayana Hoffmann
Lektorat: Kerstin Noack-Zakel, Schirner
Printed & bound by: Ren Medien GmbH, Germany

www.schirner.com

Inhalt

Einleitung

Ein jeder von uns erfährt derzeit in allen Bereichen seines Lebens einen tiefgreifenden Wandel. Je mehr das Wassermannzeitalter – ein Zeitalter des spirituellen Wissens, der geistigen Klarheit und des Erwachens der innersten Schöpferkraft – Einzug in unser Leben hält, desto wichtiger ist es, dass wir uns auf das besinnen, was uns wirklich Zuversicht, Liebe, Licht und Wissen vermittelt: UNSER WAHRES SELBST.

Dieses wahre Selbst – dieses ICH BIN – ist ein Teil der unendlichen Quelle allen Seins. Es hat jederzeit Zugriff auf die intensiven Energien der Quelle und das Wissen des Universums. Wir sind niemals allein, sondern können, besonders wenn wir uns von den Energien im Außen verunsichert und verwirrt fühlen, Zugang zum universellen Wissensschatz bekommen, der uns leitet und Körper, Geist und Seele zusammenführt.

Es ist jetzt wesentlich, dass wir uns wieder bewusst werden, wer wir wirklich sind. Was dieses ICH BIN ausmacht. Dein ICH BIN spielt keine Rollen und lässt sich auch nicht in eine viel zu enge Schublade zwängen, um nicht aufzufallen. Dein wahres Selbst handelt souverän, eigenständig und selbstbewusst, denn du bist ein Original und keine Kopie anderer Menschen. Dein wahres Selbst möchte von DIR gelebt werden – JETZT! Es möchte sich entfalten, sich in all seinem wunderbaren Sein ausdrücken, damit DU ein glückliches Leben führen kannst. Ein selbstbestimmtes, freudiges, und ja, manchmal vielleicht sogar auch ein bisschen verrücktes Leben! DEIN Leben – so, wie es in seiner ganzen wunderbaren Vielfalt in dir steckt.

Als Kind verblasst leider sehr schnell die Erinnerung an unser wunderbares Sein. Wir werden durch unsere Erziehung, durch Familie und Schule in den Strudel der Wertungen hineinkatapultiert, der alsbald in Selbstverurteilung, Konkurrenzdenken und Schuldgefühle mündet. Dann begleiten uns immer wieder ähnliche Gedanken und Gefühle wie: Ich bin nicht gut genug – Ich bin unfähig – Ich bin ein Versager – Ich bin nicht liebenswert – Ich bin hilflos – und noch so vieles mehr. Du kennst das alles zur Genüge. Und jedes Mal, wenn du so etwas denkst, fühlst oder sogar aussprichst, bekräftigst du es auf besondere Weise, da du dem Ganzen ein ICH BIN davorstellst.

Doch nun ist es Zeit, endlich dein kraftvolles Selbst zu leben – erlaube es dir! Jetzt darf etwas Neues, Wunderbares beginnen ... Die Erinnerung an das strahlende, wunderbare Wesen, das DU in Wirklichkeit bist, darf wieder erwachen. Du bist so viel mehr, als du bisher geglaubt hast.

Dieses Kartenset ist entstanden, um dich von Herzen dazu einzuladen, dein wahres Selbst wieder intensiver zu spüren. Die ICH-BIN-Affirmationen auf den Karten bringen dir das jeweilige Thema schon im ersten Schritt näher, die Energiekunstwerke über den Affirmationen unterstützen dich zusätzlich auf energetische und multidimensionale Art und Weise, damit du mit den Seins-Qualitäten dahinter noch intensiver in Berührung kommst.

Die Worte und die Energie hinter dem ICH BIN haben eine immense Kraft, die uns hilft, unser Leben wieder bewusster zu erkennen und zu gestalten. In der Tat ist es so, dass Affirmationen im Allgemeinen ab und zu auch eine innere Gegenwehr aktivieren können, nämlich immer dann, wenn die gewählte Affirmation zu abstrakt oder zu weit entfernt von den eigenen Glaubensmustern ist. Wenn wir z. B. in finanziellen Nöten stecken und uns immer wieder einreden möchten »ICH BIN reich«, ist es nur natürlich, dass unser Verstand uns mitteilt, dass unsere Realität doch eigentlich ganz anders aussieht.

Wir gestalten unsere Realität nicht dadurch, dass wir uns ständig nur positive Sätze vorsagen, sondern hauptsächlich durch das, was wir in unserem Inneren fühlen. Unsere Gefühle erschaffen die Energie, die nach außen strömt und dafür zuständig ist, das in unserem Leben anzuziehen, womit wir gefühlsmäßig in Resonanz gehen. Aus diesem Grunde sind die ICH-BIN-Affirmationen in diesem Kartenset darauf ausgerichtet, dich auf etwas Positives einzustimmen, das bereits IN DIR angelegt ist. Du kannst dadurch wieder bewusst deine Gefühle wahrnehmen und dich mit dem verbinden, wer und was du wirklich bist.

Ich möchte dich daran erinnern, dass du alles in deinem Leben verändern kannst. DU SELBST bist es, der die Menschen und Umstände in deinem Leben anzieht, niemand sonst. Übernimm die vollkommene Selbstverantwortung für das, was in deinem Leben geschieht. Verdränge nichts, was in dir ist. Schaue hin, und liebe es. Es gehört zu dir! Doch verbleibe nicht zu lange in möglichen schweren Energien. Lasse sie gehen, wenn die Zeit gekommen ist, und atme tief durch.

Entscheide dich immer wieder neu, was zu deinem Leben gehören soll. Spüre nach, was dein Herz wirklich möchte, und höre darauf. Lasse dein ICH BIN kraftvoll nach außen strahlen und dir das Leben erschaffen, das du dir erträumst. Du hast es dir verdient. Einfach so. Einfach, weil es dich gibt!

Ich wünsche dir mit diesem Kartendeck inspirierende Impulse und wertvolle Erinnerungen an dein wahres, wunderbares Selbst. Mögest du dir ein glückliches und erfülltes Leben voller Freude und Leichtigkeit erschaffen, das du in vollen Zügen genießen kannst!

Aus tiefstem Herzen,
Shayana

Die Anwendung deiner Karten

Es ist mir als Autorin und Künstlerin wichtig, Spiritualität und geistiges Wissen auch alltagstauglich zu vermitteln. Darum freue ich mich sehr, dir mit diesen Karten ein spielerisches Medium an die Hand geben zu können, mit dem du einen einfachen Zugang zum ICH BIN bekommst. Das Kartenset wurde so konzipiert, dass du ohne Probleme für dich allein und eigenständig damit arbeiten kannst. Falls du selbst Coach oder beratend tätig bist, kannst du es aber natürlich auch sehr gut in Workshops nutzen oder in der Arbeit mit Klienten einsetzen. Du wirst sehen, dass durch die Karten essenzielle Themen angesprochen werden, die man auch gemeinsam wunderbar betrachten und weiterverfolgen kann. Denn auch wenn der Umgang mit diesen Karten spielerisch geschieht, können sich weitreichende Entwicklungen daraus ergeben, wenn du dich wirklich intensiv auf die Botschaft der Karte und die Energie dahinter einlässt.

Wie mit allen Kartensets oder spirituellen Hilfsmitteln ist es eine gute Idee, dein neues Set am Anfang erst einmal willkommen zu heißen. Berühre die Box, und bedanke dich bei deinem wahren Selbst, deiner Seele oder deinem Höheren Selbst dafür, nun mit diesen Karten arbeiten zu dürfen und somit einen noch intensiveren Zugang zu den Botschaften deiner Seele zu bekommen. Verbinde dich über dein Herz mit den Karten, erspüre schon ein wenig die Energie dahinter, und erkunde die Karten erst danach.

Nun kannst du dir jede einzelne Karte schon einmal anschauen und sie auf dich wirken lassen, oder du lässt dich immer wieder überraschen. Mache es so, wie es für DICH passend ist. Wenn du mit den Karten arbeitest, schließe kurz deine Augen, und komme innerlich zur Ruhe. Bitte deine innere Führung, deine Seele, dir durch die Karten wertvolle Impulse zu geben, die dich unterstützen und dir helfen, ein selbstbestimmtes und glückliches Leben zu führen.

Ich schlage dir vor, nicht zu viele Karten auf einmal zu ziehen. Du kannst schon mit einer einzigen Karte intensiv arbeiten. Nimm in jedem Fall nicht mehr als drei Karten, denn du kannst dich sonst nicht genügend auf die einzelnen Themen konzentrieren. Ziehe deine

Karten verdeckt, oder du kannst dir – z. B. wenn du die Karten schon besser kennst – auch gern eine oder mehrere offen aussuchen, mit denen du vielleicht gerade arbeiten möchtest.

Möge dir dieses Kartenset ein wertvolles Werkzeug sein, damit du wieder mehr zu dir selbst findest. Der Umgang damit soll daher auch ganz individuell aus dir heraus entstehen. Mache es immer so, wie es sich für DICH richtig anfühlt, dann ist alles in deinem Sinne. Meine Tipps sind nur Anregungen, die du gern für dich anpassen kannst!

Hast du nun eine – oder mehrere – Karte(n) gezogen, schaue sie dir genau an. Lies die ICH-BIN-Affirmation und den Seelenimpuls hier im Begleitbuch. Diese sind immer in der Gegenwartsform verfasst und lenken deine Aufmerksamkeit darauf, dass alles bereits in dir ist und du es nur wieder erfahren musst. Es geht nicht darum, dass du etwas anstrebst, was du nicht bist, sondern darum, dass du dich erinnerst, dass dies alles bereits IN DIR ist.

Nimm dir bitte Zeit, in die Energie der ICH-BIN-Affirmation selbst hineinzuspüren. Denn das ist das Wichtigste überhaupt! Dieses Kartenset ist ein FÜHL-Kartenset!

Denn nur über deine Gefühle kannst du dich wirklich mit der Energie hinter den Karten verbinden. Wenn dein Verstand dazwischenfunkt (was völlig normal ist), sage ihm einfach, dass du in deiner Vorstellung gerade ein Spiel spielst und er unterdessen gern eine kleine Pause machen darf.

Dann fühle dich in deiner Vorstellung in dieses ICH BIN ein, das du gezogen hast. Spiele mit den Bildern, die in deinem Inneren dazu entstehen. Wie sieht dein Leben aus, wenn du kraftvoll oder erfolgreich bist? Wie fühlt es sich an, wenn du deine Lebensfreude wieder bewusst aktivierst? Was spürst du, wenn du jegliche Selbstverurteilung endlich loslässt? Wer ist an deiner Seite, wenn du dich liebenswert und wertvoll fühlst? In welcher Lebenssituation bist du mutig und gehst über deine Komfortzone hinaus? Werte nicht, sondern gestalte einfach deinen eigenen inneren Film, und schwelge in den Gefühlen dazu! Tagträumen ist hier ausdrücklich erlaubt und erwünscht!

Lege die Karte(n) danach irgendwo gut sichtbar hin, damit du immer wieder darauf schauen und dich in die Essenz des Themas hineinfühlen kannst. Es ist dir überlassen, ob du Tageskarten oder vielleicht sogar Wochen- oder Monatskarten ziehst. Du wirst bemerken, bei welchem Thema du mehr Zeit benötigst oder was du vielleicht wieder einmal auffrischen solltest.

Du kannst auch deine ganz eigenen Methoden entwickeln, mit den Karten zu arbeiten, alles ist richtig, solange es sich für dich gut anfühlt und es dir gute Ergebnisse liefert.

Ich wünsche dir in jedem Fall wundervolle Entdeckungen und Erfahrungen mit deinen neuen Karten!

Karten-botschaften

ICH BIN alles

Ich bin in der Lage, alles in meinem Leben zu manifestieren, was ich mir vorzustellen vermag.

Seelenimpuls

Nichts und niemand kann mich aufhalten, wenn ich grenzenlos denke und fühle. Ich kann alles sein und tun, was ich mir vorstelle und erlaube, zu sein. Alles ist möglich, wenn ich es für möglich halte. Ich lasse mein Ego außen vor, schaue in mein Herz und frage mich: Was oder wer möchte ich heute sein? Was möchte ich aus meinem tiefsten Sein erschaffen?

Ich kann mein Leben genau so verändern, wie es sich gerade für mich richtig anfühlt. Begrenzung gibt es nur in meinen Gedanken! Wenn ich anfange, mich mit etwas intensiver zu beschäftigen – etwas, was ich mir schon lange wünsche –, erscheinen auf einmal Möglichkeiten, die vorher nicht da waren. Diese »Türen« tauchen nur aus einem einzigen Grund auf: weil ich jetzt bereit bin, es für möglich zu halten! Sie erscheinen mir, weil ich beginne, daran zu glauben, dass das, was hinter ihnen ist, in meiner Wirklichkeit wahr wird! Das Wort »aber« und das Gefühl, das dazu gehört, streiche ich aus meinen Gedanken. Ich erlaube mir stattdessen, groß zu träumen, und schwelge in dem, was meine Vorstellungskraft hervorbringen möchte. Wie fühle ich mich dabei? Mutig, überschwänglich und frei? Gut! DAS ist MEIN Weg!

Wenn ich die Mauern in mir einreiße, ist es plötzlich möglich, dass meine Herzenswünsche Flügel bekommen und ich neue Abenteuer in mein Leben einlade. Was wollte ich schon immer einmal verwirklichen? Gibt es Möglichkeiten, jetzt damit zu beginnen? Möchte ich mich beruflich verändern? Wenn es das, was ich gern täte, noch nicht als Beruf gibt, warum erschaffe ich nicht etwas vollkommen Neues? Irgendwo beginnt es immer, warum nicht mit MIR? Es gibt so vieles für mich zu entdecken!

Ich begrenze mich nicht innerhalb meiner Schöpfungsträume, ich lasse einfach nur mein Herz sprechen und öffne mich dem, was dadurch geschieht.

ICH BIN authentisch

Nur als Original kann ich mich vollkommen entfalten und meiner Bestimmung folgen.

Seelenimpuls

Ich nehme wahr, was in der Gesellschaft, in der ich lebe, wichtig und richtig zu sein scheint. Ich beobachte, welche vermeintlichen Regeln aufgestellt werden, wie man sich zu verhalten und wie man auszusehen hat oder welche Erfolge man vorweisen sollte. Mit einem Schritt zur Seite und einem Blick von außen erkenne ich jedoch, dass dies nur Rollenspiele sind, die ich nicht mitspielen muss, wenn sich mein Innerstes dagegen sträubt. Ich kann und darf ganz ich selbst, einfach authentisch sein.

Ich erlaube mir, mich anderen Menschen so zu zeigen, wie ich wirklich bin – mit meinen ganz eigenen Ideen, meinen inspirierenden Gedanken und wertvollen Gefühlen. Ich fühle mich dabei wohl und selbstbewusst. Ich bin keine Kopie von jemand anderem, auch wenn ich einen anderen Menschen vielleicht bewundere und von ihm inspiriert werde. Ich bin ein Original, und ich bin es wert, in meiner ganzen Größe zu leben. Ich bin in dieses Leben gekommen, um ganz ich selbst zu sein und meine einzigartige Seelenqualität mit ins Erdenspiel einzubringen. Alles andere ist wider meiner innersten Natur und entfernt mich von meinem eigentlichen Lebensweg.

Ich entscheide mich bewusst dafür, authentisch zu sein und anderen Menschen die Gelegenheit zu geben, MICH mit all meinen Facetten kennenzulernen. Denn ICH habe so viel zu geben und zu teilen. Wie schade wäre es, wenn ich dies anderen Menschen vorenthalten würde. Wie traurig wäre es, wenn ich mir selbst versagen würde, mich zu entfalten. Ich bin ich selbst, und ich liebe es, mein ganz eigenes Wesen auszudrücken mit allem, was ich gern tue, sage oder bin. Jeden Tag lerne ich mich dabei auch ein bisschen besser kennen und gebe mich voller Freude meinem Leben hin.

Meine Seele weiß, wer ich bin, und ich vertraue ihrer liebenden Führung.

ICH BIN dankbar

Ich bin von Dankbarkeit und Wertschätzung erfüllt.

Seelenimpuls

Ich bin an einem Punkt angekommen, an dem ich mir bewusst werde, wie viel Gutes und Schönes sich bereits in meinem Leben befindet. Ich blicke nicht mehr auf den Mangel oder mache mir Sorgen, dass dieses oder jenes eintreten könnte. Ich blicke bewusst auf meine Gegenwart und schätze den Wert von all dem, was mein Leben JETZT lebenswert und mich glücklich macht. Das fängt damit an, dass ich dankbar bin – für mein Leben, für die Möglichkeit, so viele Erfahrungen machen zu können, wie ich mir selbst aussuche. Ich bin dankbar für meinen Körper, der mich jeden Tag damit beschenkt, das Leben mit allen Sinnen zu erfahren. Durch den ich Liebe, Zuneigung, Bewegung, Genuss, aber auch Schmerz erleben kann.

Ich bin dankbar dafür, dass ich jeden Tag die Wahl habe, neue Abenteuer zu erleben, wenn ich mich dafür entscheide. Ich kann neue Menschen kennenlernen, neue Dinge lernen und mir neue Fähigkeiten aneignen, einfach neue Wege gehen und in jeder Lebenssituation Neues entdecken.

Ich bin dankbar für mein Zuhause, für den Ort, der mir Sicherheit und Geborgenheit schenkt. Und natürlich bin ich zutiefst dankbar für die Menschen und Tiere in meinem Leben, die mir ihre Liebe und Freundschaft schenken, mit denen ich leben, lieben, lachen – und ja, auch streiten oder schwere Lebensthemen bearbeiten – kann. Ich wertschätze sogar die Menschen, die mir scheinbar Steine in den Weg legen, denn manchmal kann ich erst durch sie und unsere Interaktion lernen, meine wahre Stärke zu entwickeln und Hindernisse zu überwinden.

Es gibt so vieles, wofür ich dankbar bin. Und ich bin mir dessen bewusst, dass ich durch meine tägliche Wertschätzung noch viel mehr in mein Leben ziehe, wofür ich dankbar sein kann.

ICH BIN ein Magnet

Die Energien, die ich aussende, kommen in vielfacher Weise wieder zu mir zurück.

Seelenimpuls

Mein Herz, das nicht nur ein wichtiges Organ meines Körpers ist, sondern auch mein liebendes Energiezentrum, ist im wahrsten Sinne des Wortes magnetisch. Alles, was ich von dort aus aussende, kehrt in ähnlicher Form wieder zu mir zurück. Mein Herzmagnet strahlt beständig Energien nach außen, und ich achte verstärkt darauf, was ich jeden Tag ins Universum hinaussende. Ich bin mir dessen bewusst, dass das, was von mir nach außen schwingt, gleich schwingende Energien magnetisch anzieht und dass diese Energien gemeinsam noch stärker und kräftiger werden.

Ich erspüre, was ich gern aus meinem tiefsten Inneren heraus mit anderen Menschen und allgemein mit der Welt teilen möchte. Das kann so vieles sein. Allem voran meine Herzensliebe, die ich bedingungslos zur Verfügung stelle, damit andere davon berührt werden. Oder meine Lebensfreude, mein Lachen, mit dem ich andere einfach anstecke, ebenfalls mehr Leichtigkeit in ihr Leben zu lassen und gemeinsam Spaß zu haben. Oder meine Ideen, die Neues erschaffen möchten, die nur darauf warten, in die Welt hinauszufließen, um Gleichgesinnte zu finden und sich zu realisieren.

Der erste Schritt ist, mir all dieser Energien in mir bewusst zu werden, sie zuzulassen, sie wachsen zu lassen und sie dann durch meinen Herzmagneten ins Universum hinauszustrahlen. Das mache ich, indem ich mein Herz weit öffne, meine Gedanken und meine Gefühle mit diesen Energien in Einklang bringe, sie mit Liebe betrachte und mir innerlich ausmale, wie sich diese, meine Energie mit dem verbindet, was zum Wachstum nötig ist. Und dann lasse ich los und beobachte, wie Menschen und Möglichkeiten in mein Leben treten, die ich durch meine Liebe angezogen habe.

ICH BIN einzigartig

*Ich bin begabt, talentiert und wunderbar –
ich bin ein einzigartiges, lichtvolles Wesen.*

Seelenimpuls

Endlich bin ich so weit. Endlich bin ich bereit, mich so zu sehen, wie ich wirklich bin. Was für eine Freude! Wenn ich in den Spiegel blicke, sehe ich mich, einen wahrlich liebenswerten und wertvollen Menschen, der jeden Tag mit offenem Herzen durch sein Leben geht und sein Licht mit der Welt teilt. Ich bin in jedem Moment meines Seins die beste Version meiner selbst, und das erkenne ich jetzt an.

Kein anderer Mensch ist genau wie ich. Durch meine Art, die Welt zu sehen, zu erleben und auf sie zu reagieren, bin ich einzigartig. Genau diese, meine besondere Energie, meine Begabungen und Talente braucht die Welt, um weiterzuwachsen und zu gedeihen. Darum halte ich mich auch nicht mehr zurück. Ich weiß, dass ich ein wichtiger und geschätzter Teil dieser Welt bin.

Ich spüre die lichtvolle Kraft meiner Seele in mir, die mich jederzeit unterstützt und dafür sorgt, dass ich mich jeden Tag weiterentwickle.

Es gibt noch so viel in mir, das gelebt werden möchte. Ich fühle in mich hinein und achte darauf, was mein Herz mir sagen möchte. Welche Talente schlummern da schon länger und möchten nun gern an die Oberfläche kommen, um sich auszudrücken? Welche Begabungen hatte ich bereits als Kind, habe sie aber später nicht weiter ausgebaut? Ich erinnere mich daran, wie ich als Kind neue Dinge ganz spielerisch angegangen bin. Genau diese Freude am Lernen und daran, Neues auszuprobieren, entdecke ich nun wieder für mich, und ich erkunde neugierig, was da noch aus mir herauskommen mag. Es ist nie zu spät, ich kann immer wieder mit etwas Neuem beginnen, wenn es mich mit Freude und Liebe erfüllt. Genau damit werde ich auch andere erfreuen und sie dazu ermutigen, ebenfalls ihre eigene Einzigartigkeit wieder zu erkennen und anzunehmen.

ICH BIN empfänglich

Positive und liebevolle Energien versorgen mich beständig mit dem, was ich gerade brauche.

Seelenimpuls

Ein verschlossenes und ängstliches Wesen ist nicht in der Lage, all die Gaben der Quelle allen Seins auch anzunehmen. Daher erlaube ich mir jetzt ausdrücklich, mich ab heute für all die Geschenke des Universums vollständig zu öffnen! So viele Möglichkeiten, Potenziale und Begegnungen mit anderen Menschen warten darauf, mein Leben zu bereichern. Ich bin jetzt endlich bereit, das alles in meinem Leben auch zuzulassen!

Der erste Schritt dabei ist, mich überhaupt für all das Schöne zu öffnen, was da draußen auf mich wartet. Mich zu öffnen, bedeutet, mein Herz durch Liebe auszudehnen, es wie eine Tür oder ein großes Tor zu öffnen und alles für möglich zu halten. Der zweite Schritt beinhaltet, mich auf die Schwingung, die »Frequenz«

dessen einzustellen, was ich gern empfangen möchte. Ich gehe wie ein Radio auf Empfang! Auch das funktioniert ganz einfach, denn das Universum liefert mir immer genau das, was ich auch aussende. Wenn ich meine Liebe, meine Lebensfreude, meine gute Laune, meine Zuversicht, meine Freundlichkeit, meine Gelassenheit, ja, all meine positiven Eigenschaften und Gefühle ausstrahle, dann wähle ich damit auch genau das »Programm«, das mir Liebe, Freude und Wohlgefühl beschert! Es ist praktisch eine Einladung, die ich nach außen sende! Danach kann ich einfach entspannt darauf warten, in welcher Weise und mit welchen Situationen und Menschen mir das Leben, das Universum, die Quelle allen Seins antwortet. Denn eine Antwort ist mir in jedem Fall gewiss!

Meine Aufgabe besteht einzig und allein darin, genauer darauf zu achten, worauf meine eigene Schwingung und Frequenz gerichtet ist! So empfange ich ganz leicht all das Gute und Wunderbare, das schon lange den Weg in mein Leben sucht.

ICH BIN erfolgreich

Ich folge meinem Herzen und ernte auf diesem Weg Freude, Erfüllung und Erfolg.

Seelenimpuls

Erfolg zu haben, bedeutet nicht nur, in finanzieller Fülle und gelassener Zufriedenheit zu leben. Dies ist ein zugegebenermaßen sehr angenehmer Nebeneffekt, der sich automatisch einstellt, wenn ich meinem Herzensweg folge. Erfolgreich zu sein, heißt im Grunde nichts anderes, als dem zu folgen, was sich in meinem Innersten zeigt. Ich lausche der Stimme meines Herzens und folge einfach dem, was sich für mich richtig anfühlt. Er-folg-reich – er (also ich) folge meinem inneren Reichtum, den ich in mir in Form von Ideen, Wünschen, klaren inneren Bildern und Potenzialen wahrnehmen kann.

Ich erlaube mir von nun an, immer mehr meinen Herzensweg zu gehen. Es muss nicht alles sofort geschehen, wenn ich bisher vielleicht nicht gewohnt war, öfter auf meine inneren Impulse zu hören. Ich nehme mir bewusst einen Schritt nach dem anderen vor, fange an, auch im Kleinen mein Leben dahingehend zu verändern, dass es glücklicher und erfüllter wird. Ich bemerke dabei, dass durchaus auch die kleinen Ziele wichtig sind, um dahin zu kommen, wo ich eigentlich hin möchte. Teilerfolge zeigen mir, dass ich mich auf dem richtigen – nämlichen meinem – Weg befinde, und geben mir Kraft und Zuversicht!

Ich bin es mir jetzt absolut wert, erfolgreich zu sein. Ich erkenne klar, dass mich bisher mein Mangeldenken davon abgehalten hat, noch mehr Erfolg in meinem Leben zu haben. Doch warum sollte ich mich weiter von dieser Fülle ausnehmen, die für alle – ja, auch für mich – zur Verfügung steht? Es gibt keinen plausiblen Grund mehr, mich davon abzuhalten, meinen eigenen erfolgreichen Weg zu gehen.

Ich halte Ausschau und öffne mich wichtigen Erfahrungen und glücklichen Fügungen auf meinem Weg, die mir erfolgreiche Ergebnisse liefern werden, die mich im tiefsten Inneren erfüllen.

ICH BIN erfüllt

Ich nehme die Fülle in mir und um mich herum wahr und fühle mich vom Leben reich beschenkt.

Seelenimpuls

Heute und an jedem weiteren Tag werde ich mir bewusst, wie erfüllt mein Leben bereits ist. Ich bemerke, dass es einzig und allein eine Frage meines Fokus ist, die Fülle in meinem Leben wirklich wahr- und damit auch anzunehmen. Ich lebe in einem unendlichen Universum, in einer Welt, die eine riesige Fülle an Möglichkeiten, Erfahrungen und Menschen beherbergt. Es liegt in jedem Augenblick an mir, ob ich mich auf den Mangel oder die Fülle konzentriere. Denn wenn ich etwas in meinem Leben mit der Zeit als Selbstverständlichkeit betrachte, beraube ich mich der Schönheit und Liebe, die immer noch darin liegt. Nur weil ich mich daran gewöhnt habe, dass er/sie/es meinen Alltag bereichert, bedeutet dies nicht, dass es immer so sein wird.

Meine Wertschätzung für diese wunderbaren Menschen, Wesen und Dinge versorgen sie erst mit der lichtvollen Energie, die sie dadurch auch in meinem Leben halten. Wenn ich etwas nicht mehr in Liebe betrachte und behandle, kann es sein, dass es nach und nach aus meinem Leben verschwindet, denn das Universum spiegelt mir nur das, worauf meine Aufmerksamkeit liegt. Daher nehme ich mir immer wieder die Zeit, genauer hinzuschauen. Auf die liebevollen kleinen Geschenke der Aufmerksamkeit und Zuneigung, die ich jeden Tag von anderen Menschen bekomme. Ich wertschätze all das, was meinen Alltag schöner, lebenswerter und spannender macht. Ob das klare Wasser, das einfach so in trinkbarer Qualität aus meinem Wasserhahn sprudelt, die unermesslich reiche Natur um mich herum, Tiere, die mich immer wieder daran erinnern, mein Herz zu öffnen. Oder auch die Menschen, die mich dabei unterstützen, mich weiterzuentwickeln. Die riesige Fülle an Dingen, die mir jeden Tag zur Verfügung steht, um ein glückliches Leben zu führen.

Es ist immer in jeder nur erdenklichen Weise für mich gesorgt – DANKE!

ICH BIN fokussiert

Ich lege meinen Fokus auf das, was mir wichtig ist.
Ich bin klar und zentriert in meiner Ausrichtung.

Seelenimpuls

Das, was ich in meinem Leben erreichen möchte, verdient meine volle Aufmerksamkeit. Ich glaube an mich und meine Fähigkeiten und sorge dafür, dass ich auf dem Weg zu meinem Ziel jeden Tag einen Schritt weiterkomme. Sollte das, was ich mir vornehme, ein größerer Wunsch sein, erkenne ich an, dass auch die kleinen Schritte auf meinem Weg wichtig sind und ihre Berechtigung haben. Ich gehe sie einen nach dem anderen und setze mir, wenn es mir hilft, auch kleinere Teilziele.

Damit es mir leichter fällt, auf meinem Weg zu bleiben, achte ich darauf, mich von außen nicht ständig ablenken zu lassen. Ablenkungen gibt es zuhauf, manchmal purzeln auch hinderliche Steine auf meinen Weg. Ich nehme sie zwar wahr, lasse mich jedoch nicht von ihnen vom Weg abbringen. Ich gehe darüber hinweg und konzentriere mich weiter auf mein Ziel. Um mich selbst noch weiter zu unterstützen, sorge ich dafür, dass ich immer wieder zurück in meine Mitte finde. Dabei können mir Inseln der inneren Ruhe genauso helfen wie körperliche Aktivitäten. Ich spüre in mich hinein und kann wahrnehmen, was ich dafür gerade am ehesten brauche.

Ich konzentriere mich zudem auf meine Stärken und meine Fähigkeiten. Dinge, die mir wirklich am Herzen liegen, bekommen einen besonderen Energieschub, wenn ich zu innerer Klarheit finde. Wenn es Momente gibt, in denen mir diese Klarheit fehlt, nehme ich mir die Zeit, sie wiederzufinden, denn erst dann, fernab vom Chaos, komme ich wieder richtig vorwärts.

Ich kann alles schaffen, was meinem Herzen entspricht und was ich mir vornehme. Ich lege den Fokus auf meinen Wunsch, ich beschäftige mich innerlich in positiver Weise damit und bemerke, wie ich mich damit dem Ziel immer weiter annähere.

ICH BIN frei

Ich genieße die Freiheit, jederzeit das zu fühlen, zu denken und zu sein, was ich wirklich bin.

Seelenimpuls

Wie fühlt sich Freiheit für mich an? Was tue ich jeden Tag, um mich frei zu fühlen und meine Freiheit auszuleben? Der natürliche Zustand meines Seins liegt darin, dass ich mir erlaube, das zu fühlen, zu denken und zu tun, was sich FÜR MICH richtig anfühlt.

Ich erkenne jetzt, dass alle Begrenzungen in meinem Leben von mir selbst erschaffen sind und somit auch von mir, durch meine innere Entscheidung aufgelöst werden können. Ich bin ein schöpferisches Wesen – ich suche mir aus, welche Erfahrungen ich in meinem Leben anziehen möchte und welche nicht. Ich mache keine äußeren Umstände oder anderen Menschen für meine Lebenssituation verantwortlich. Ich überneh-me selbst die Verantwortung und fange zuallererst an, meine Bewertung einer Situation zu hinterfragen.

Es gibt immer zwei Seiten einer Medaille. Gibt es vielleicht die Möglichkeit, die Situation aus einer anderen Sichtweise zu betrachten und mich schon allein dadurch besser zu fühlen?

Wenn sich etwas für mich nicht passend anfühlt, erlaube ich mir, diese Situation zu verlassen und mich in eine andere Richtung zu orientieren, die sich deutlich besser anfühlt. Auf einen Weg, auf dem ich mich frei und glücklich fühle und spüre, dass ich mich weiterentwickeln kann.

Ich bin jederzeit in der Lage, neue Wege zu gehen. Freiheit bedeutet auch, mich von alten Glaubensmustern zu trennen, die mich bisher begrenzten. Ich beginne jetzt damit, mich in einem neuen Licht zu sehen. Ich sehe mich nicht als Opfer, sondern als verantwortungsvollen Schöpfer. Und als solcher habe ich unbegrenzte Möglichkeiten. Mein eigenes Selbstbild ist ausschlaggebend dafür, wie ich diese Potenziale wahrnehmen und leben kann. Je mehr ich mir selbst vertraue, mich wertschätze und liebe, desto größer werden meine Möglichkeiten.

ICH BIN für mich da

Egal, was geschieht, ich stehe mir selbst immer bei, ich bin immer für mich da.

Seelenimpuls

In Augenblicken, in denen es mir nicht gut geht, von anderen Menschen aufgefangen zu werden, ist ein wirkliches Geschenk. Gleichzeitig werde ich mir jetzt aber wieder dessen bewusst, dass die Person, die in erster Linie für mich da sein muss, ICH SELBST bin.

Meine eigenen Gedanken und Taten mir gegenüber sind ausschlaggebend dafür, wie ich mich fühle – dafür, ob ich mich gehen lasse, resigniere oder mich aufraffe, neuen Mut schöpfe und in meine Selbstliebe finde. Da können die Stimmen von außen noch so aufmunternd und wohlgemeint sein, es spielt keine Rolle, was andere Menschen für mich tun, wenn ich mich selbst nicht wertschätze und nicht auf meine innere Stimme achte. Ich verspreche mir daher hier und jetzt, wieder für mich selbst da zu sein! Ich verspreche mir, mich niemals wieder im Stich zu lassen. Ich stehe felsenfest zu mir und zu meinem Weg, wann immer ich Unterstützung brauche. Denn dann kann im Außen geschehen, was will: Ob ich mich von anderen Menschen oder äußeren Situationen enttäuscht oder verletzt fühle, im Grunde meines Herzens weiß ich, dass ICH mich immer auf mich selbst verlassen kann. Ich werde mir in solchen Momenten verstärkt Zeit für mich selbst nehmen, um nach innen zu lauschen.

Ich gebe mir die Erlaubnis, so zu sein, wie ich bin. Manchmal muss ich innerlich trauern, um Menschen oder Umstände loszulassen, die in mir emotionale Schmerzen verursacht haben. Dieser Raum ist wichtig, und ich gebe ihn mir. Das kann niemand anderes für mich tun. Manches Mal können andere Menschen meine Entscheidungen oder Wege vielleicht nicht verstehen. Vielleicht gehe ich völlig neue Wege, die andere noch nicht entdeckt haben. Dann erscheinen sie ihnen unbegehbar oder völlig unmöglich. Aber ich selbst sehe und fühle das Potenzial, das dahintersteckt, und weiß innerlich, dass es für mich das Richtige ist.

ICH BIN geführt

Ich spüre in mir die führende Kraft meiner liebenden Seele und höre auf meine innere Stimme.

Seelenimpuls

Ich rufe mir hiermit in Erinnerung, dass ich niemals allein bin. Ich bin immer verbunden mit meiner Seele und der Quelle allen Seins. Dieser Gedanke ist so tröstlich und heilsam, dass ich mich nie mehr einsam fühlen muss. In herausfordernden Zeiten kann es sein, dass ich es manchmal vergesse, darum erinnere ich mich nun wieder daran.

Meine Seele weiß, worin mein Lebenszweck besteht. Sie hat gemeinsam mit meinen lichtvollen Begleitern, wie meinen Engeln, einen groben Plan darüber erstellt, was wir gemeinsam in diesem Leben erleben möchten. Entsprechend führen mich meine Seele und meine Engel dahin, wo wertvolle Erfahrungen auf mich warten. Diese Führung kann sich in so vielen Arten in meinem Leben bemerkbar machen. Oft sind es drängende Gefühle oder immer wiederkehrende Ideen, die mich nicht loslassen. Dann sind es wieder sogenannte Aha-Erlebnisse, die ich habe, wenn ich eine bestimmte Zeile in einem Buch lese oder mich mit jemandem unterhalte, der mir einen wichtigen Impuls für eine aktuelle Situation gibt.

Meine Engel mögen es besonders, meinen Weg von Menschen kreuzen zu lassen, die mich in eine Richtung inspirieren, die mich weiterbringt. Ich bin sensitiv und achte daher darauf, wohin mich meine innere Führung leitet. In dem wunderbaren Plan meiner liebenden Seele gibt es aber auch immer noch genügend Platz für neue, spontane Entwicklungen. Nicht alles ist festgelegt, sondern es steht mir immer noch ein angemessener Freiraum zur Verfügung, um mich noch freier zu entfalten. Wege können angepasst und umgeschrieben werden, mein Leben soll und darf Spaß machen!

Ich vertraue darauf, dass ich zu jeder Zeit weiß, welcher Weg für mich der richtige ist. Mein Herz, das die direkte Verbindung zu meiner Seele ist, weist mir den Weg.

ICH BIN gelassen

Ich lasse mich entspannt vom Fluss des Lebens tragen und bin vollkommen gelassen.

Seelenimpuls

Mich an etwas oder jemandem festzuhalten oder zu versuchen, die Kontrolle über eine Situation zu behalten, entstammt niemals der Liebe. Wenn ich dies tue, handle ich aus Angst und einem Bewusstsein des Mangels heraus. Ich werde mir jetzt wieder bewusst: Mir kann nicht wirklich etwas geschehen, ich bin geborgen und sicher durch die Quelle allen Seins.

Ich atme daher tief durch und lasse los. Ich lasse jetzt alles los, was mich davon abhält, voranzukommen und mich weiterzuentwickeln. Ich brauche all das nicht als Rettungsanker, im Gegenteil, dies hält mich eher gefangen. Ich kämpfe auch nicht gegen etwas an, was ich selbst gerade nicht verändern kann. Ich kann nur mich selbst verändern, was wiederum Veränderung im

Außen mit sich bringen wird. Ich investiere keine kostbare Energie in etwas, was in der Regel nur meinem Ego entstammt.

Ich weiß, dass ich mich vertrauensvoll dem hingeben kann, was in meinem Leben geschieht. Ich wurde schon oft positiv überrascht, wenn ich bemerkt habe, wie leicht etwas gehen kann, wenn ich mich entspanne und mich auf die Reise meines Lebens wirklich einlasse.

Wenn ich in meiner Mitte und in meinem Herzen verweile, wird sich alles genau so ergeben, wie es für mich richtig ist. Daher entspanne ich mich jetzt bewusst und fange an, die Reise zu genießen. Wenn ich anderen Menschen gegenüber gelassener bin, wenn ich Momenten keine negative Wertung und allzu große Bedeutung mehr zugestehe, bin ich auf einmal viel glücklicher und ruhiger. Mir steht dadurch so viel mehr Energie zur Verfügung, die ich jetzt in wirklich schöne Lebensumstände investieren kann. Einfach, weil ich es mir erlaube und kleine wie große Wunder in meinem Leben zulasse.

ICH BIN geliebt

Bedingungslos durchströmen mich Liebe und Wertschätzung, einfach weil es mich gibt.

Seelenimpuls

Wie wunderbar ist es, mir bewusst zu werden, dass ich es mir in keiner Weise verdienen muss, geliebt zu sein. Alle bisherigen Annahmen darüber, dass ich es nicht wert bin, geliebt zu werden, fallen hier und jetzt von mir ab. Einfach so, weil ich Liebe anstelle von Angst wähle. Ich erkenne, dass die göttliche Quelle, meine Engel und andere geistige Begleiter, die Natur und viele Menschen in meinem Leben mich beständig mit bedingungsloser Liebe überschütten. Es liegt an mir, dies JETZT wahrzunehmen!

Manchmal muss ich genauer hinschauen oder hineinspüren. Doch die Liebe ist da, auch und besonders in Momenten, in denen ich glaube, allein zu sein mit meinem Schmerz. In Wirklichkeit bin ich jedoch niemals allein. Es ist einzig mein Fokus, der in diesen Zeiten woanders liegt.

Sogar in meinen, subjektiv gesehen, schlimmsten und dunkelsten Augenblicken ist bedingungslose Liebe für mich da. Sie umgibt mich, stupst mich sachte an und fließt sanft und tröstend um mein Herz herum, bis ich ihr Einlass gewähre und wieder neuen Mut schöpfen kann.

Die Liebe ist wie ein unendlich lichtvolles Wesen, das untrennbar mit mir verbunden ist. Ihr einziger Lebenszweck ist es, mich vollkommen zu erfüllen und aus meinem Herzen heraus zu strahlen. Ich erkenne, dass sie immer da war und nie von mir getrennt sein wird. Alle Gefühle der Getrenntheit sind Illusionen, die ich jetzt gehen lasse. Es spielt keine Rolle, welche Erfahrungen ich mir in meinem Leben noch aussuchen werde, egal, was ich denken, sagen oder tun werde – niemals werde ich aus dieser Liebe herausfallen! Dies ist in der Schöpfung nicht vorgesehen. Ich war immer geborgen in dieser Liebe und werde es immer sein.

ICH BIN gesegnet

Ich spüre, wie der liebevolle Segen der Quelle allen Seins in mir und durch mich wirkt.

Seelenimpuls

Wenn ich auf mein Leben blicke, erkenne ich, dass es auf die wundervollste Weise gesegnet ist. Ich weiß, dass dies schon seit meiner Geburt der Fall ist, auch wenn ich es manches Mal nicht wahrnehmen konnte. Doch heute öffne ich mich wieder diesem Wissen.

Ich bin gesegnet, einfach weil ICH BIN, einfach weil es mich gibt. In mir leuchtet ein Licht, das jeden Tag durch den Segen der Quelle allen Seins wieder entfacht wird. Ein Segen ist ein Geschenk der göttlichen Quelle. Dieses Geschenk kann sich auf unglaublich viele Arten in meinem Leben zeigen. Das Geschenk meines menschlichen Körpers, das Geschenk, dass ich neue Dinge lernen und erfahren kann, das Geschenk, dass ich Dankbarkeit fühlen kann oder erkenne, welcher mein wahrer Weg ist.

Die Menschen in meinem Leben sind ein Segen, ihre Freundschaft und ihre Liebe segnen mich in jedem Moment, in dem wir uns begegnen. Und so bin auch ich ein Segen für andere. Je mehr ich mein wahres Selbst lebe, desto mehr teile ich das Licht der Welt auch mit anderen.

So fühle ich heute wieder ganz bewusst den Segen, der mich umhüllt und erfüllt. Ich spüre hinein in dieses Licht und erlebe die tiefe und innige Liebe, die in mir fließt. Ich bin erfüllt von dieser Liebe und überlege mir heute, wie ich diesen Segen weitergeben kann. Mir wird es dabei an nichts fehlen, denn alles, was ich weitergebe, wird in vermehrter Form wieder zu mir zurückfließen. Alles und jeder, den ich mit meiner Liebe berühre, wird die Gelegenheit bekommen, zu wachsen, durchzuatmen, sich leichter und glücklicher zu fühlen und von sich aus diese Liebe weiterzugeben. Ich bin Teil einer Gesellschaft, die das Positive und Schöne unserer Welt miteinander teilt.

ICH BIN gesund

Alle Zellen meines Körpers sind auf Harmonie, Vitalität und Gesundheit ausgerichtet.

Seelenimpuls

Ich nehme mir einen Augenblick Zeit und atme mehrmals tief ein und wieder aus. Ich entspanne mich dabei immer mehr und nehme meinen Körper bewusst wahr. Ich fühle Dankbarkeit für meinen wunderbaren menschlichen Körper, der jeden Tag so viel für mich leistet und es mir ermöglicht, in diesem Leben auf der Erde zu sein und alle Facetten des Menschseins zu erleben. Besonders dankbar bin ich den Bereichen in meinem Körper, die es in letzter Zeit vielleicht etwas schwerer hatten, reibungslos zu funktionieren.

Ich fühle nun, wie sich aus meinem Herzzentrum heraus eine Energie entfaltet, die man nur als pure Liebesenergie bezeichnen kann. Sie ist rein und klar und funkelnd. Sie trägt in sich die Information von vollkommener Gesundheit, Vitalität und sanfter Harmonie. Diese lichtvolle Energie strahlt nun in meinen ganzen Körper hinein. Ich beobachte innerlich, wie sie diese Informationen all meinen Zellen zur Verfügung stellt. Die Energie taucht in die Zellen hinein und erhellt diese, umhüllt sie und spült reine Liebe und Dankbarkeit in sie hinein. Meine Zellen dürfen sich davon nähren und sich regenerieren. Jede einzelne Zelle wird berührt und umsorgt. Ich nehme wahr, wie das Bewusstsein meines Körpers aufatmet und voller Freude diese Liebesenergie aufnimmt und kleinere – und auch größere – Disharmonien ausgleicht.

Dieser Liebesstrom darf so lange in mir fließen, wie es sich für mich richtig anfühlt. Ich habe jederzeit Zugang zu dieser Energie, und ich kann niemals zu viel davon in Anspruch nehmen, da es sich um eine unversiegbare Quelle handelt, die mir uneingeschränkt zur Verfügung steht. Ich unterstütze außerdem meinen Körper mit angemessener Bewegung, belebender Nahrung, frischem Wasser und liebevollen Gedanken, damit er sich immer wohlfühlen und so funktionieren kann, wie ich es benötige.

ICH BIN glücklich

Ich entscheide in jedem Augenblick meines Lebens selbst darüber, wie ich mich fühle.

Seelenimpuls

Ich halte einen Moment inne und spüre in mich hinein, wie ich mich gerade fühle. Fühle ich mich frei und glücklich oder eher gestresst, ängstlich oder traurig? Dabei erinnere ich mich genau jetzt wieder daran, dass ich meinen Emotionen niemals hilflos ausgeliefert bin. ICH BIN vollkommen frei, mich jederzeit neu zu entscheiden, wie ich mich fühlen möchte. ICH habe es tatsächlich selbst in der Hand, wie es mir gerade geht! Welche Erleichterung!

Niemand anderes bestimmt darüber, wie ich mich fühle. Ich erlebe in meinem Alltag zwar viele verschiedene Situationen und komme mit vielen unterschiedlichen Menschen in Berührung, doch wie ich auf diese reagiere, hängt ganz allein von mir selbst ab.

Manchmal möchte ich mich ärgern oder mich über ein Thema, das mich emotional berührt, aufregen. Das ist in Ordnung, menschlich und befreit mich von aufgestauten Energien. Doch ich verharre nicht länger als nötig in diesen Emotionen. Denn ich verändere dadurch nichts, ich gebe einer Situation nur noch mehr Energie, die sie eigentlich nicht verdient hat.

In diesen Momenten nehme ich einen tiefen Atemzug und schaue, wie ich mich wirklich fühlen möchte, vielleicht ja glücklich und voller Lebensfreude! Dann richte ich meine Aufmerksamkeit wieder auf die Dinge, die diese Gefühle in mir hervorrufen. Davon gibt es viele in meinem Leben. Ich stelle mir die Menschen, Orte, Dinge und Beschäftigungen, die mich glücklich machen, innerlich ganz intensiv vor und spüre schon, wie meine Mundwinkel zucken und sich ein Lächeln bemerkbar macht. Und schon kann ich wieder leichter und freier atmen.

Ich erinnere mich daran, dass es einfach sein darf.

ICH BIN göttlich

Ich fühle die schöpferischen Kräfte in mir und weiß, dass ich ein Teil der göttlichen Quelle bin.

Seelenimpuls

Mein Dasein auf der Erde ist kein Zufall. Ich bin aus einem ganz bestimmten Grund hier. Ich bin nicht nur das, was ich im Spiegel sehe, ich bin nicht nur mein Körper und die Identität, die ich in diesem Leben angenommen habe. Ich bin vor allem ein geistiges Wesen! Meine Existenz, meine einzigartige Seele stammt aus einer unendlichen, energiereichen Quelle. Egal, wie man diese Energie hinter allem Leben auch nennen mag, ich bin ein Teil davon, geboren aus dessen Weisheit, Licht und Liebe.

Meine Seele ist ein wundervoller Ausdruck der göttlichen Quelle allen Seins. Diese Quelle ist bedingungslose Liebe in ihrer reinsten Form. Sie wertet und beurteilt nicht, sondern erfreut sich an den vielen Facetten des Lebens. Ob nun an dem Leben auf dieser Erde oder aber dem Leben überall im Universum. Ob dem Leben auf anderen Planeten, in anderen Welten oder in anderen Dimensionen. Das Universum ist auf vielerlei Arten und Weisen bevölkert. Alles Leben gehört dieser unendlichen und faszinierenden Familie des Seins an. Wie könnte ich mich also jemals wieder einsam fühlen in dem Bewusstsein, dass auch ich Teil dieser wunderbaren und außergewöhnlichen Familie bin?

Ich nehme mir einen Augenblick und atme bewusst die Energie des Lebens in mich hinein und wieder hinaus. Alles in mir und um mich herum vibriert vor göttlichem Leben. Ich bin erfüllt von der schöpferischen Energie, die unaufhaltsam und beständig durch mich fließt. Ich spüre dies ganz bewusst und erinnere mich wieder daran, was ich wirklich bin – geistige, liebende Energie.

Göttliche Wesen sind schöpferische Wesen, und auch als Mensch bin ich in der Lage, diese schöpferischen Kräfte in mir jeden Tag anzuwenden – die göttliche Energie in mir dazu zu nutzen, mit meinen Gedanken und Gefühlen meine Realität zu erschaffen. Alles ist Energie, die ich als göttliches Wesen formen und lenken kann.

ICH BIN gut genug

Als ein Wesen des Lichts bin ich in jeder Beziehung und in jedem Augenblick immer gut genug.

Seelenimpuls

Es gibt für mich nichts, was ich noch erreichen müsste, damit ich endlich gut genug bin. Das ewige Streben nach Wertschätzung, Lob und Anerkennung im Außen hat nun ein Ende. Ich brauche dies nicht mehr. Ich kann mich von der Illusion, für so vieles in meinem Leben nicht gut genug zu sein, hier und jetzt lösen. All das hatte immer nur in meinem Inneren Bestand und nichts mit der eigentlichen Realität zu tun. Ich bin und war immer gut genug für alles, was ich mir erträume oder wünsche. Ich bin gut genug für ein glückliches Leben. Ich bin gut genug für einen liebevollen Partner. Ich bin gut genug, um einen Beruf auszuüben, der mich wirklich erfüllt.

Vergleiche mit anderen, Konkurrenzdenken und Selbstzweifel entspringen immer der Energie des Mangels und haben rein gar nichts mit meinem wahren Selbst zu tun. Ich entstamme der Quelle der Liebe und bin mir bewusst, dass ich genau so, wie ich bin, immer richtig bin.

Ich bin nun bereit, mir absolute Wertschätzung und Anerkennung zu geben. Ich habe so viel nachzuholen, daher fange ich heute damit an! Je mehr ich dies tue und je mehr Liebe ich mir selbst entgegenbringe, desto besser nehme ich auch wahr, wie andere mich lieben und wertschätzen. Dann strahle ich dies auch aus und ziehe genau diese Energien wieder an. Dann durchbreche ich alte Muster und werde niemanden mehr anziehen, der mir meine eigene fehlende Wertschätzung und Selbstliebe spiegeln muss. Dann werden ganz andere Menschen und Möglichkeiten in mein Leben treten. Es ist so viel einfacher, als ich immer dachte. Es ist ein sanfter, liebender Weg, für den ich mich jetzt entscheide. Ich erlaube mir, mit Liebe auf mich selbst zu blicken und zu erkennen, wie wunderbar ich doch eigentlich bin.

ICH BIN im Frieden

Frieden entsteht immer zuerst in mir selbst und verteilt sich danach heilend in der Gemeinschaft.

Seelenimpuls

Kriege und Kämpfe, innen wie außen, zeugen von Energien der Angst und des Mangels. Ich weiß, dass ich etwas, was mir nicht gefällt, nicht dadurch verändere, indem ich dagegen ankämpfe. Im Gegenteil: Je mehr Energie ich in diese Situation hineingebe, desto stärker wird diese mit Kraft versorgt und automatisch weiterwachsen. Also gehe ich erst einmal einen Schritt zurück und schaue mit etwas Abstand auf die aktuelle Situation. Wodurch entstand die Blockade? Was hilft es mir, wenn ich auf meiner Meinung oder meinem Urteil beharre? Erschaffe ich dadurch nicht eher Stillstand, sodass sich niemand wirklich aus der Situation hinausbewegen und sich weiterentwickeln kann?

Ich kann andere nicht verändern und sollte sie auch nicht manipulieren. Wenn ich die Lösung eines Problems anstrebe, kann ich nur durch mein eigenes Verhalten friedvolle Lösungen in meinem eigenen Leben und auch im größeren Ganzen entstehen lassen.

Ich entscheide mich daher jetzt bewusst dafür, loszulassen und mich nicht in Dramen zu verstricken. Ich kann meine Bewertung ganz leicht verändern, wenn ich dazu bereit bin. Ich öffne mich aktiv einer Lösung, die allen Beteiligten gerecht wird. Ich gebe nach, denn dadurch zeige ich Größe und keine Schwäche. Ich achte darauf, mir selbst treu zu bleiben, die Situation aber trotzdem zu entschärfen. Ich versetze mich in die beteiligten Personen hinein und versuche, zu erspüren, aus welchem Grund diese wohl so handeln, wie sie es gerade tun?

Wir alle sind Menschen und handeln entweder aus der Angst oder aus der Liebe heraus. Ich überprüfe auch meine Motivation, und wenn ich Ängste wahrnehme, suche ich nach einer Möglichkeit, die Liebe wieder hineinzubringen. Ich bringe die Lösung durch Liebe und Licht, denn nur so lösen sich Verstrickungen, und Heilung kann geschehen.

ICH BIN im Hier und Jetzt

Achtsam schätze ich den Augenblick und weiß, dass jetzt alles seinen Anfang nimmt.

Seelenimpuls

Wenn ich mich mit längst Vergangenem beschäftige oder mit Dingen, die sich vielleicht in meiner Zukunft ereignen könnten, nehme ich mir die Chance, die Geschenke im Jetzt wahrzunehmen. Das Vergangene verändere ich nicht mit Gedanken wie »Ach hätte ich doch bloß« oder der Frage »Warum habe ich diese oder jene Entscheidung getroffen?«. Genauso verhält es sich mit meiner Zukunft. Wenn ich mir ängstlich oder sorgenvoll Gedanken darüber mache, »was wäre, wenn«, ziehe ich nur das in mein Leben, wovor ich mich fürchte.

Ich bin mir bewusst, dass alles, was ich JETZT in diesem Augenblick wahrnehme, denke und fühle, mein Leben erschafft. Daher wähle ich achtsam und aufmerksam, womit ich mich tagtäglich beschäftige. Was befindet sich gerade hier und jetzt in meinem Leben? Gibt es etwas, was ich gern verändern möchte? Ich habe JETZT die beste Gelegenheit dazu, nicht gestern und nicht morgen, sondern JETZT! Heute kann ich alles beginnen oder tun, was mir und meinem Herzen guttut.

Ich verschiebe nichts auf einen späteren Zeitpunkt, wenn es sich für mich so anfühlt, als ob es mir HEUTE Freude machen könnte und ich in der Lage bin, es auch jetzt zu leben. Ich weiß nicht, was morgen sein wird, doch ich kann mein JETZT so gestalten, wie es in diesem Moment für mich passt. Darin liegt eine unglaublich große Freiheit, die ich mir auch bewusst gewähre. Ich suche dabei nach Möglichkeiten, JETZT bereits das zu leben, was mir lebenswert erscheint.

Wenn ich mich heute bewusst dazu entscheide, meinen Lebensweg noch schöner, glücklicher und befreiter zu gestalten, kann das Universum, in dem ich lebe, nur mit demselben antworten, was ich auch ausstrahle. Jetzt, in diesem Augenblick, nimmt mein weiteres Leben seinen Anfang – womit möchte ich es füllen?

ICH BIN im Vertrauen

Alles in meinem Leben hat seinen Sinn,
ich vertraue darauf, dass sich alles ineinanderfügt.

Seelenimpuls

Alles, was sich in meinem Leben zeigt, hat einen bestimmten Grund und geschieht nicht aus Zufall. Manchmal mag es mir so vorkommen, als ob ich ein Spielball auf einem Spielfeld bin, der ohne besonderen Grund einmal in die eine und dann wieder in die andere Richtung geschossen wird.

Doch dies vermittelt nur der oberflächliche Blick von außen. Könnte ich jetzt gerade das Spielfeld aus der Sicht meiner Seele überblicken, würde ich sehen, dass jeder einzelne Spielzug eine besondere Bedeutung hat. Ich könnte erkennen, dass mich die Begegnung mit bestimmten Menschen in meinem Leben – auch wenn sie mir vielleicht unangenehm erscheinen – auf meinem Weg einen großen Schritt weiterbringt. Ich würde verstehen, dass ich mit meinen Seelenfreunden schon in verschiedenen Leben zusammengekommen bin, damit wir gemeinsam unsere Erfahrungen machen können.

Ich würde außerdem vielleicht sehen, dass der berufliche Weg, auf dem ich mich gerade befinde, nur eine Zwischenstation ist, die mich auf etwas anderes, für mich Passenderes vorbereitet. Dass ich dort, wo ich mich gerade befinde, etwas lernen kann, was mir später noch von großem Nutzen sein wird. Das kann auch bedeuten, dass ich vielleicht weiß, dass ich das, was ich gerade erfahre, nicht länger möchte. Dann bringt mir diese Erfahrung Klarheit.

Blicke ich auf mein Leben zurück, kann ich mich erinnern, dass viele Schritte, die ich gegangen bin, absolut Sinn ergaben, damit ich heute da stehen kann, wo ich gerade bin. Damals war mir nicht bewusst, warum ich manchen Weggabelungen gefolgt bin, doch im Nachhinein erkenne ich, warum es wichtig für mich war. So weiß ich jetzt auch, dass alles, was ich heute erlebe, seinen Sinn ergibt – auch wenn ich manche Entwicklungen im Moment noch nicht überblicken kann. Ich bin im tiefen Vertrauen, dass alle Wege mich dahin führen, wo ich absolut richtig bin – auf meinem Seelenweg.

ICH BIN in Balance

Ich achte darauf, dass sich meine Energien von Aktivität und Ruhe im Gleichgewicht befinden.

Seelenimpuls

Es gibt Zeiten, in denen ich mich vollkommen in die Aktivität stürzen kann. Meine Energie reicht dann dafür aus, mich voller Elan meinen Aufgaben zu widmen, darin aufzugehen und mich mit meinem ganzen Können und Wissen und meinem Herzen dafür einzusetzen.

Genauso bin ich mir jedoch bewusst, dass es – wie im natürlichen Rhythmus von Ebbe und Flut – auch in meinem Leben einen wohltuenden Wechsel zwischen aktiven und stillen Momenten geben muss, damit sich in mir eine harmonische Ausgeglichenheit entfalten kann. Darum spüre ich jeden Tag von Neuem in mich hinein und prüfe, wie es um meine Kraftreserven steht. Habe ich noch genügend Energie, um alle anstehenden

Aufgaben zu bewältigen und vielleicht auch andere mit meiner Energie zu unterstützen?

Ich weiß, dass ich dies nur kann, wenn es mir selbst gut geht und ich mich gut um mich gekümmert habe, ohne mich zu überfordern. Also bin ich achtsam mir selbst gegenüber. Und wenn ich das Gefühl habe, dass ich meine Kräfte wieder auftanken sollte, halte ich inne und überlege mir, was mir gerade guttun würde. Manchmal reichen schon ein paar Minuten, in denen ich abschalten, tief durchatmen und mich ein wenig regenerieren kann. Die Natur ist mir dabei ein wertvoller Wegbegleiter, denn hier werde ich liebevoll mit frischen Energien versorgt.

Wenn ich allerdings spüre, dass ich deutlich und beständig an Energie verliere, erkenne ich das als Zeichen an, mir eine größere Auszeit zu nehmen. Ich gebe mir selbst die Erlaubnis, mir die Ruhe und die Stille zu gönnen, die mir dann angemessen erscheint. Dies kommuniziere ich auch klar im Außen, damit andere Menschen ebenfalls wissen und respektieren können, dass dies gerade wichtig für mich ist. Dabei bin ich für die anderen ein Vorbild, sich selbst zu hinterfragen, wie es um ihre eigenen Kräfte steht.

ICH BIN in Sicherheit

Ich bin vollkommen sicher und geschützt durch meine Verbindung mit der Quelle allen Seins.

Seelenimpuls

Die Beschäftigung mit dem sorgenvollen Gedanken »Was wäre, wenn« lasse ich jetzt vollkommen los. Ich weiß, dass jener das gefürchtete Ergebnis erst anziehen würde, wenn ich mich mit zu viel Gefühl darauf einstimme. Ich lebe im Jetzt, darauf konzentriere ich mich, denn das ist alles, was zählt.

Ich nehme einen tiefen Atemzug und erinnere mich, dass es nichts gibt, was die Unversehrtheit meiner Seele angreifen oder wahrlich verletzen könnte. Alles, was mir widerfährt, dient nur der Erfahrung meiner Seele. Manche Situationen in meinem Leben mögen schwieriger sein als andere, doch jene erschüttern mich nicht mehr so stark in meinem Innersten. Ich sehe sie als das an, was sie sind: Erfahrungen auf meinem Lebensweg. Ich bin es, die ihnen eine bestimmte Bedeutung verleiht. Welche dies sein soll, entscheide ich selbst. Ich entspanne mich innerlich und besinne mich darauf, wo ich herkomme. Meine Seele stammt aus der liebevollen Quelle allen Seins, und diese schützt mich zu jeder Zeit.

Mein physischer Körper mag Verletzungen oder gar Krankheit erleben, doch in mir strahlt ein Licht, das das tiefe Wissen in sich trägt, unzerstörbar zu sein. Dieses Licht, mein Seelenlicht, wird weiterstrahlen, egal, was mir im Außen begegnet. Mit diesem Wissen kann ich den Erlebnissen meines Lebens viel gelassener entgegentreten, denn ich fühle mich immer sicher und beschützt.

Ich strahle eine innere Ruhe aus, die außerdem dafür sorgt, dass ich immer weniger Erlebnisse anziehe, die mich überhaupt erst aus diesem inneren Sicherheitsgefühl herauskatapultieren. Ich fühle den immerwährenden Schutz und die liebevolle Geborgenheit der göttlichen Quelle.

ICH BIN intuitiv

Ich höre auf meine innere Stimme und meine intuitiven Eingebungen, die mich jederzeit sicher leiten.

Seelenimpuls

Um mich von den vielen Informationen und Meinungen, die tagtäglich auf mich einströmen, nicht zu sehr vereinnahmen zu lassen, achte ich darauf, mir jeden Tag immer wieder kleine Momente der Ruhe zu gönnen. Der immense Informationsstrom in dieser Welt kann manchmal überwältigend sein, aber ich muss nicht über alles Bescheid wissen oder alles in mich aufnehmen, was gerade zur Verfügung steht. Ich fange an, bewusst zu selektieren, mit welchen Informationen von außen ich mich wirklich beschäftigen möchte und welche überhaupt einen Mehrwert für mich haben. Viel wichtiger ist es für mich, meine Intuition zu schulen und vermehrt nach innen zu lauschen. Denn meine Intuition ist nichts anderes als die liebevolle Stimme meiner Seele. Ich höre auf diese innere Stimme, denn ich weiß, dass sie für mich wichtige und inspirierende Informationen bereithält. So erhalte ich immer genau das Wissen, das ich gerade brauche, und ich kann darauf vertrauen, dass es sich exakt um die Informationen handelt, die mir im Augenblick persönlich weiterhelfen.

Die intuitiven Eingebungen können mich in Form von inneren Bildern, Gefühlen und Gedanken erreichen. Ich gebe mir jetzt jeden Tag Zeit, um darauf zu achten, was sich IN MIR abspielt. Kommt ein Gedanke, den ich bisher vielleicht einfach als Hirngespinst abgetan habe, immer wieder? Dann schaue ich das nächste Mal genauer hin! Habe ich ein drängendes Gefühl, etwas Bestimmtes zu tun? Diesmal höre ich hin und folge meinem inneren Impuls, denn er wird mich vermutlich auf einen für mich wichtigen Weg führen.

Ich werde bemerken, dass es mir mit der Zeit immer leichter fallen wird, auf meine intuitiven Wahrnehmungen zu hören. Es ist, als ob ich einen Radiosender genauer einstellen würde, die Störgeräusche werden weniger, und ich kann klar erkennen, wohin meine Seele mich führen möchte.

ICH BIN kraftvoll

Hoch schwingende, lichtvolle Energie durchströmt mich und lädt meine Kraftreserven wieder auf.

Seelenimpuls

Um all die wundervollen Ideen umzusetzen, die in mir sind, benötige ich Kraft und Energie. Es gab Zeiten, in denen ich mehr Kraft verbraucht habe, als mir zur Verfügung stand. Das lag nicht daran, dass mir diese Kraft nicht zusteht, sondern daran, dass ich vergessen hatte, meine Reserven wieder aufzufüllen. Doch das muss nicht sein. Denn mit meinem Körper verhält es sich ähnlich wie mit elektronischen Geräten, die ebenfalls mit der für sie vorgesehenen Energie versorgt werden müssen.

Für mich selbst steht unter anderem eine universelle Lichtenergie zur Verfügung, die mir hilft, meine Kraftreserven wieder aufzuladen. Dieser Strom aus purer Energie ist jederzeit für mich da, damit ich meinen inneren Akku wieder aufladen kann. Ich entscheide mich dafür, bitte darum und fühle, dass die Aufladung beginnt. Ich kann mir dies bildlich in einer kleinen Ruhepause oder Meditation vorstellen. Dabei sehe ich, wie dieser Kraftstrom in meinen Körper hineinfließt und diesen nach und nach wieder mit Energie versorgt.

Ich bin mir zudem bewusst, dass ich meine inneren Reserven nicht nur mit einer solchen Übung, sondern auch mit mehr Ruhe und Entspannung stärken kann. Ich lausche in mich hinein und frage mich, was ich gerade wirklich brauche. Vielleicht ist es ein kleiner Mittagsschlaf, ein Spaziergang in der belebenden Natur, ein bestimmter Sport, ein Wohlfühl-Entspannungs-Ritual oder einfach nur Zeit für mich? Vielleicht geht es auch darum, wieder einmal meinen inneren Kritiker durch meinen inneren Meister zu ersetzen, um mich gut und wohlzufühlen.

Ich erlaube mir, meinen Bedürfnissen nachzugeben, denn ich weiß, dass ich erst wieder kraftvoll bin, wenn ich auf mich achtgebe und mich wieder mit der Energie versorge, die ich benötige. Alle Kräfte sind bei mir!

ICH BIN lebendig

Sprudelnde Energie durchfließt mich und lässt mich die Lebendigkeit des Seins spüren.

Seelenimpuls

Hier bin ich – ein wunderbares Exemplar göttlichen Lebens. Die ganze Welt steht mir zur Verfügung, um mich auszuprobieren und zu LEBEN. Ich lasse jetzt das los, was mich zurückhält, ich entferne die Bremsklötze, die ich mir selbst in den Weg gestellt habe. Ich fühle in mich hinein und finde den Strom des Lebens, eine goldene, lichtvolle Energie, die funkelnd und strahlend durch meinen ganzen Körper fließt. Sie strömt aus meiner Seele, die mich auf diese Weise mit Leben erfüllt. Wenn ich mich mit der Schwere des Lebens blockiere, verlangsamt sich dieser Strom. Je mehr Leichtigkeit und Freude ich in meinem Leben zulasse, desto schneller und intensiver fließt diese Lebensenergie in mir und durch mich hindurch. Ich bin bereit und erlaube mir, dass diese nun wieder frei und grenzenlos durch mich hindurchfließen kann.

Ich beobachte, wie sie immer strahlender und intensiver wird und mich mit neuem leichtem Leben erfüllt. Ich gehe die Dinge in meinem Leben dadurch aktiver an und verschiebe nichts, was ich auch jetzt erledigen kann. Ich überlege einfach nicht mehr lange, ob ich etwas tun soll.

Ich spüre, dass mich das Grübeln viel zu lange davon abgehalten hat, wirklich aktiv zu werden, also lasse ich es sein. Wenn etwas getan werden muss, es sich für mich richtig anfühlt, ja, innerlich sogar drängt, dann tue ich es einfach – sofort! Ich gehe meine Aufgaben frisch und dynamisch an. Ich vertraue dabei auf mein inneres Gefühl und lege mit Freude los.

Das intensive Gefühl des sprudelnden Lebens in mir schenkt mir die Erkenntnis, dass ich meine Träume nicht auf später verschieben darf. Sie beschäftigen mich jetzt, und ich möchte sie mir auch jetzt erschaffen und sie erleben! Denn ich lebe nur im JETZT!

Ich bin angeschlossen an den Strom des Lebens!

ICH BIN lebensbejahend

Ich sage Ja zu mir selbst – ja, ich kann, ja, ich will, ja, ich bin wundervoll.

Seelenimpuls

Es ist Zeit für mich – Zeit, MIR SELBST endlich ein bedingungsloses JA zu schenken! Worauf habe ich die ganze Zeit gewartet? Ich weiß jetzt, dass dieses JA zu MIR aus mir selbst heraus kommen muss und nicht von außen kommen kann. Nur das JA aus meinem Herzen macht mich frei und glücklich.

Durch das uneingeschränkte JA zu mir selbst öffnen sich Türen, die ich zuvor noch nie wahrgenommen habe, und entwickeln sich Potenziale, von denen ich nie zu träumen gewagt hätte. Mit dem klaren JA zu mir selbst fällt alles von mir ab, was mich behindert.

JA, ich bin wundervoll.
JA, ich bin ein einzigartiges Wesen.
JA, ich bin ein Teil des großen Ganzen.

JA, ich bin liebenswert und wertvoll.
JA, ich will mir selbst ein schönes und glückliches Leben gestalten.
JA, ich verdiene nur das Beste in allen Lebensbereichen.
JA, ich darf voller Freude sein und Spaß haben.
JA, ich gebe meinem Körper all das, wonach er sich sehnt.
JA, ich achte auf mich selbst und auf meine Bedürfnisse.
JA, ich kann diese Liste nach Lust und Laune ergänzen!

ICH BIN Lebensfreude

Ich entscheide mich dafür, mein Leben zu genießen und es mit Freude und Lachen zu füllen.

Seelenimpuls

Der Sorge, dem Kummer, der Mutlosigkeit und der Verzagtheit ein Ende zu setzen – dies ist eine innere Entscheidung, auf die ich mich hier und heute vollkommen einlasse! Natürlich gibt es im Alltag immer wieder Momente, in denen ich mich ärgere oder die mich mit anderem als Freude erfüllen. Auch das gehört zum Menschsein dazu. Doch ich lasse sie einfach durch mich hindurchfließen, ich beschäftige mich mit ihnen nur so lange, wie es wirklich nötig ist, und gestatte ihnen danach nicht länger, bei mir zu verweilen. Ich lasse in diesem Bereich nicht mehr mit mir verhandeln und ziehe bewusst einen Schlussstrich!

Die Freude am Leben – meine ganz persönliche Lebensfreude – ist mir so viel mehr wert! Es tut mir richtig gut, mich bewusst wieder daran zu erinnern, dass das Leben nicht immer so ernst genommen werden muss, dass es im Gegenteil sehr viel Spaß machen und ich meine innere Lebensfreude immer wieder aktivieren darf. Denn wenn ich ganz ehrlich zu mir bin: Ich liebe und akzeptiere mich jetzt so, wie ich bin!

Ich bin es mir einfach wert, glücklich zu sein und die schönen Dinge des Lebens wahrzunehmen und zu erleben. Dafür lege ich meinen Fokus immer wieder auf das, was mir Freude bereitet. Ich suche nach Möglichkeiten, meinen Alltag mit angenehmen Momenten und liebevollen Menschen zu bereichern. Ich erlaube mir, zu lachen und es mir leicht zu machen. Daher frage ich mich jetzt bewusst – egal, was sich mir gerade im Außen zeigt –, wie kann ich mir heute mehr Lebensfreude erschaffen? Wo kann ich mir etwas gönnen, was mir richtig guttut, was mir Entspannung bringt und Freude macht?

Ich erlaube mir, Spaß zu haben und jeden einzelnen Tag meines Lebens in irgendeiner Weise zu genießen! Es gibt viele Wege dahin, und ich werde noch mehr davon finden – jetzt!

ICH BIN Leichtigkeit

Ich lasse los, was mich belastet, und erkenne, dass mein Leben leicht sein darf.

Seelenimpuls

Ob meine Gedanken und Gefühle sich für mich schwer oder leicht anfühlen, ist eine Entscheidung, die ich selbst treffe. Indem ich das, was ich täglich erlebe, positiv oder negativ bewerte, gestalte ich mein Leben. Das Festhalten an altem und schwerem Ballast hat mich nicht weitergebracht. Im Gegenteil, es hat mich blockiert und davon abgehalten, weiterzugehen. Nun bin ich bereit, loszulassen.

Ich achte darauf, immer wieder tief und entspannt zu atmen. Gemeinsam mit meinem Atem leite ich die alten Energien und Blockaden direkt aus meinem Körper hinaus und frische leichte Energie wieder herein. Ich merke, wie ich mich dabei immer tiefer und tiefer entspanne. Ich atme durch und fühle Erleichterung!

Ich bleibe im Hier und Jetzt und erlaube mir, dass ab sofort Leichtigkeit in alle Bereiche meines Lebens Einzug halten darf. Auch dies ist meine bewusste Entscheidung.

Wenn ich bemerke, dass sich etwas schwer und zäh anfühlt, halte ich inne und spüre nach, ob es nicht auch einen Weg oder eine Möglichkeit für mich gibt, alles etwas leichter zu gestalten. Oftmals liegt es nur an mir, mir den leichten Weg zuzugestehen. Ich frage mich in diesen Momenten bewusst, wie es jetzt noch leichter werden kann?

Der Weg der Leichtigkeit bringt Entspannung, denn innere Kämpfe manifestieren sich im Außen meist auch in verkrampften Situationen. Doch mein Leben darf leicht sein. Wenn ich die Liebe in all die kleinen und großen Momente meines Lebens hineinlasse, wird automatisch alles leichter. Sehr oft ist es auch die Liebe zu mir selbst, die Leichtigkeit mit sich bringt. Ich bin offen für alles, was mir in dieser leichten Schwingung begegnen wird.

ICH BIN Licht und Liebe

Der wahre Kern meines Seins ist strahlendes Licht und die pure Energie der Liebe.

Seelenimpuls

Unabhängig von all den facettenreichen Rollen, die ich mir für mein Leben ausgesucht habe, gleichgültig, welche Erfahrungen ich auch mache oder wie ich mich verhalte, ich bin in meinem tiefsten Inneren ein lichtvolles Wesen, das aus der universellen Energie purer bedingungsloser Liebe besteht.

Das LICHT IN MIR ist nichts anderes als das Wissen und die Weisheit meiner Seele und der Quelle allen Seins. Licht erhellt, Licht beleuchtet das, was im Dunkeln liegt. Ohne Licht würde ich nicht erkennen, wohin mein Weg mich führt. Die LIEBE IN MIR ist pure Lebensenergie! Sie ist keine persönliche Liebe, sondern eine bedingungslose Energie. Sie sieht und bemerkt alles, auch die vermeintlich negativen Dinge des Lebens. Sie verurteilt diese aber nicht, denn sie schaut hinter die

Kulissen. Sie sieht, warum eine Person so handelt, wie sie handelt, oder weshalb eine Situation sich in eine bestimmte, manchmal vielleicht schmerzhafte Richtung entwickelt. Sie erkennt den Mangel an Licht und Liebe dahinter. Ein Mangel an Wissen und Energie! Wie könnte sie in diesem Falle etwas als negativ oder böse bewerten? Nur Unkenntnis und Angst werten. Ich vertraue daher dem Licht und der Liebe in mir. Wenn ich mir erlaube, das Verhalten eines Menschen, eines Unternehmens oder eines Volkes genauer zu betrachten, und die Beweggründe erkenne, werde ich verstehen, warum manches in dieser Welt noch nicht so ausgewogen ist, wie es eigentlich sein könnte.

Mangeldenken und Ängste in jeglicher Form können durch Licht und Liebe transformiert werden. Darum teile ich mein Wissen und die bedingungslose Liebe in mir mit anderen – und zwar immer dann, wenn jemand sich dafür öffnet und meine Unterstützung sucht.

ICH BIN machtvoll

Ich nehme meine innere Macht an und setze sie verantwortungsvoll und ohne Zögern ein.

Seelenimpuls

Die Energie der Macht ist hier und jetzt nichts mehr, was mich ängstigt oder erschreckt. Denn ich weiß, dass ich diese Energie – die nichts anderes als meine Schöpferkraft ist – heute mit Liebe und Hingabe anwende, wenn ich aus meinem Herzen heraus handle.

Es mag Zeiten oder Leben gegeben haben, in denen es auch bei mir Machtmissbrauch und Manipulation gegeben hat, doch ich weiß heute, dass dies nur aus einem Gefühl des Mangels heraus geschehen kann und nicht, wenn wir aus Liebe handeln. So erkenne ich die Macht in mir auch als etwas Positives an, etwas, was mein Leben und das vieler anderer Menschen sehr bereichert. Ich achte darauf, sie verantwortungsvoll einzusetzen, was bedeutet, dass ich immer auch Rücksicht auf die Belange meiner Mitmenschen nehme. Dies ist besonders wichtig, wenn mir Menschen anvertraut sind, die ich in ihrem Leben begleiten darf. Das fängt mit meinen Kindern an und schließt Arbeitskollegen, Mitarbeiter oder auch Klienten und andere Menschen ein, die bei mir Unterstützung, Rat oder Hilfe suchen. Meine vermeintliche Macht ihnen gegenüber ist immer als eine verantwortungsvolle Kraft zu verstehen, die ich ihnen zur Seite stelle und die sie fördert, aber nicht überfordert. Ich unterstütze andere Menschen dabei, ihre eigenen Kräfte zu entwickeln und sich liebevoll dem Leben zu öffnen.

Das, was ich mir selbst zugestehe – nämlich meinem eigenen Seelenweg und meinem Herzen zu folgen –, räume ich auch anderen ein. Ich respektiere ihren energetischen Raum genauso wie meinen eigenen. Ich behandle andere so, wie ich selbst gern behandelt werden möchte – unterstützend, verantwortungsvoll und mit viel Liebe.

ICH BIN mir selbst treu

*Ich achte jederzeit auf mich und
bleibe mir in jeder Beziehung selbst treu.*

Seelenimpuls

Von Zeit zu Zeit ist es wichtig, wieder einmal meine Motivation und Lebensumstände zu überprüfen. Bin ich noch dort, wo ich sein möchte? Handle ich noch so, wie es mir wirklich entspricht?

Es gibt Zeiten, in denen ich mich zu sehr auf das konzentriere, was von außen auf mich zukommt. Dies kann mich schneller aus meiner Mitte bringen, als es mir manchmal bewusst ist. Doch um wirklich ich selbst sein zu können, muss ich zuallererst mir selbst treu sein. Meine Überzeugungen und meine ganz persönlichen Lebensvorstellungen dürfen und sollen Vorrang haben. Dies hat sehr viel mit meiner Liebe zu mir selbst zu tun und rein gar nichts mit Egoismus. Egoistisch zu handeln, würde bedeuten, aus der Angst heraus zu agieren, irgendwo zu kurz zu kommen.

Für mich ist jedoch die Liebe ausschlaggebend und nicht die Angst. Ich liebe mich und gestehe mir das Leben zu, das sich für mich richtig anfühlt, das für mich in jeder Beziehung passt und in dem ich so sein kann, wie ich bin. Mir selbst treu zu sein, ist für mich wichtig! Dabei ist ein Nein zu anderen manchmal genau der richtige Schritt, um wieder bei mir anzukommen. Dieses Nein ist dann ein eindeutiges Ja zu mir selbst.

Je mehr ich mich selbst wertschätze und liebe, desto eher bin ich mir auch treu. Dann lasse ich nicht zu, dass meine Wohlfühlgrenzen überschritten werden, ich ausgebeutet werde, in einer unglücklichen Beziehung lebe oder das Wohl anderer Menschen über mein eigenes stelle. Ich kümmere mich gut, ausreichend und liebevoll um mich selbst, ich bin dadurch in meinem Innersten stark, gefestigt und auch in der Lage, diese Energie voller Freude mit meinem Partner, meinen Kindern, meiner Familie und meinen Freunden zu teilen.

ICH BIN mitfühlend

Ich fühle mit mir und auch mit anderen, ohne mich in die Energie des Mitleids zu begeben.

Seelenimpuls

Es gibt immer wieder herausfordernde Situationen in meinem Leben oder in dem meiner Familie oder meiner Freunde. In diesen Momenten ist es für mich wichtig, in meiner Mitte zu bleiben. Es hilft weder mir noch anderen, wenn ich mich in einen Strudel von Ängsten und Zweifeln hineinziehen lasse.

Ich wähle bewusst den Weg des Mitgefühls und nicht den des Mitleids. Wenn ich Mitleid empfinde oder in Mitleid für mich selbst versinke, verstärke ich damit nur eine Energie der Hilflosigkeit, die keine Hilfe ist. Im Gegenteil: Sie trennt mich von meiner starken, wissenden Seele, die sich ihrer Schöpferkraft bewusst ist. Ich bin zu keiner Zeit ein Opfer, sondern immer Schöpfer der Umstände. Warum diese gerade in mein Leben getreten sind, kann ich vielleicht im Moment noch nicht nachvollziehen, doch ich vertraue darauf, dass alles in irgendeiner Weise seinen Sinn hat. Besser ist, wenn ich einfühlsam auf den Menschen, der betroffen ist, blicke. Manchmal bin ich das selbst, manchmal ist es jemand anderes, der mir am Herzen liegt. In beiden Fällen nehme ich ein paar tiefe Atemzüge und erlaube mir, mitfühlend Anteil zu nehmen, ohne zu bewerten. Ich selbst oder dieser andere Mensch braucht jetzt meinen Beistand, meine Herzensenergie, die einfach nur da ist und einen Raum der Liebe hält. Ich höre zu, bin da und bestärke sanft. Das fällt mir leichter, wenn ich auch den anderen als schöpferisches Wesen anerkenne. Auch er ist kein Opfer, sondern hat diese Situation aus einem bestimmten Grund in sein Leben gezogen. Warum dies so ist, mag sich meiner Kenntnis entziehen. Allerdings ist es auch nicht von Bedeutung.

Wichtig ist, dass ich mir selbst und auch meinem Gegenüber mit Achtung und Liebe zur Seite stehe und mir oder ihm das Gefühl gebe, nicht allein zu sein.

ICH BIN mutig

Ich erlaube mir, mutig neue Wege zu gehen, denn ich weiß, dass mir jede Erfahrung nur dienen kann.

Seelenimpuls

Es ist Zeit für mich, mich nicht mehr länger zu verstecken. Manches Mal bin ich Schritte, die ich in der Vergangenheit gern unternommen hätte, aus Angst und Zweifeln mir selbst gegenüber nicht gegangen. Auch die Meinung anderer hat mich schon davon abgehalten, Dinge zu tun, die mir eigentlich am Herzen liegen. Doch das alles lasse ich jetzt, in diesem Augenblick, los.

Auch wenn ich nicht genau weiß, welche Erlebnisse auf meinem Lebensweg wirklich auf mich warten, so erkenne ich doch, dass mir jede einzelne dieser Erfahrungen nur dienen kann. Ich spüre, dass es Wünsche in mir gibt, die immer wieder aus meinem Innersten heraus anklopfen, weil sie gern von mir realisiert werden möchten. Sie drängen immer wieder an die Oberfläche, und ich bin mir bewusst, dass es einen bestimmten Grund haben muss, warum sie mich immer noch begleiten. Sie werden mich wohl zeit meines Lebens nicht loslassen. Sie werden so lange in meinen Gedanken und Gefühlen präsent bleiben, bis ich mich endlich dafür entschieden habe, sie wahr werden zu lassen.

Es ist okay, wenn mich diese Vorhaben unter Umständen nervös machen. Es ist vollkommen in Ordnung, wenn es mich noch etwas Überwindung kostet, den ersten Schritt in diese Richtung zu gehen. Denn ich weiß, dass in mir eine große Kraft steckt, die mich dazu befähigt, am Ende genau das mit Freude zu tun, was ich mir wünsche. In mir steckt die reine Energie der Liebe, die mir bei allem helfen wird, was für mich ansteht!

Ich sehe, dass dieser neue Weg sich ganz leicht vor mir ebnen wird, sobald ich mich in Bewegung setze. Mit jedem neuen Schritt wird er immer einfacher und klarer für mich. Daher gehe ich jetzt mutig einen Schritt nach dem anderen und erlaube mir, meine Träume endlich ins Leben zu rufen!

ICH BIN sanft zu mir

Ich bin liebevoll und sanft zu mir, ohne Selbstverurteilungen oder jegliche Selbstbestrafungen.

Seelenimpuls

In mir befindet sich ein lichtvolles, bezauberndes und empfindsames Wesen, das ich in meinem Leben nicht immer so behandelt habe, wie es angebracht gewesen wäre. Ich habe mich viel zu lange selbst verurteilt und für Dinge bestraft, die ich vermeintlich falsch gemacht habe. Ich habe mich zu oft von allem Guten abgeschnitten, weil ich dachte, es nicht verdient zu haben. Ich habe mich für Erfahrungen oder Entscheidungen selbst verurteilt und mir die wichtigste Liebe überhaupt versagt – die Liebe zu mir selbst! Dies lasse ich nun endlich hinter mir! Ich brauche diese Erfahrungen nicht mehr, denn ich spüre immer mehr, dass ich ein unglaublich liebenswertes Wesen bin, das nur das Beste in seinem Leben verdient hat. Einfach weil es mich gibt, einfach weil ICH BIN.

Ich schaue nun mit einem guten Gefühl auf mich selbst, auf all die wunderbaren Facetten, die mich ausmachen. Ich achte jeden Tag darauf, mir etwas Gutes zu tun, mich in jeder Hinsicht sanft und liebevoll zu behandeln. Ich setze mich nicht mehr Situationen aus, die mir nicht guttun. Ich lasse Menschen hinter mir, die mir meine Energie rauben, und ziehe dafür warmherzige Menschen an, die mir ein Lächeln ins Gesicht zaubern. Ich lebe in Beziehungen, die mich stärken und die mir Freude machen.

Was kann ich heute tun, um meine Selbstliebe noch mehr zu stärken? Vielleicht braucht es irgendwo ein NEIN, damit ich JA zu mir selbst sagen kann? Ich fühle in mich hinein und spüre, in welche Richtung ich gehen muss, damit die Liebe zu mir selbst immer weiter erblühen kann. Ich mache dies alles in meinem eigenen Tempo, alles so, wie es mir entspricht. Jeden Tag ein Stückchen weiter hin zu mir und einem liebevollen Umgang mit mir selbst.

ICH BIN schöpferisch

Ich erschaffe mir bewusst mit meinen Gedanken und Gefühlen das Leben, das sich für mich richtig anfühlt.

Seelenimpuls

Zeit meines Lebens habe ich durch das, was ich dachte, und vor allem auch mit dem, was ich fühlte, die Realität, in der ich lebe, mitgestaltet. Lange war mir dies nicht bewusst, doch heute ändert sich das. Ich sehe einen Zusammenhang zwischen den Dingen, die in meinem Inneren geschehen, und dem, was sich mir im Außen zeigt.

Alles, was ich ausstrahle, erkenne ich in einer ähnlichen Form auch in meinem täglichen Leben wieder. Die Menschen in meinem Umfeld spiegeln mir, was ich über mich selbst denke. Die Situationen, in denen ich mich befinde, sind ebenfalls Hinweise auf das, was sich zuvor in mir selbst abgespielt hat. So begreife ich, wie Schöpfung geschieht – eine Energie wird auf der inneren, geistigen Ebene hervorgerufen und sucht sich in der äußeren, körperlichen Welt Energien, die gleich schwingen.

Nun ist es an der Zeit, mir genauer zu überlegen, wie mein Leben wirklich aussehen soll! Wohin zieht es mich, was fasziniert mich und erfüllt mich mit Freude? Was sagt mir mein Herz? Welche Menschen möchte ich in meinem Leben haben? Was möchte ich erleben? Mir stehen unglaublich viele Möglichkeiten zur Verfügung, Grenzen gibt es nur in meinem Verstand. So fange ich an, mich immer intensiver damit zu beschäftigen, meine Gedanken und Gefühle nach dem auszurichten, was ich mir von Herzen wünsche. Ich beschäftige mich immer weniger mit dem, was ich nicht will. Denn ich verstehe jetzt, dass das Universum nicht wertet, sondern mir immer das liefert, was ich aussende – egal, wie es aussehen mag. Liebe und Angst sind dabei die stärksten Energien, die Realität entstehen lassen. Alles im Leben lässt sich zurückführen auf Liebe oder auf Angst.

Da ich ein Wesen der Liebe bin, entscheide ich mich immer wieder für die Liebe – in all meinen Lebensbereichen!

ICH BIN selbstbewusst

Ich bin mir meines wunderbaren und bemerkenswerten Selbst bewusst und strahle das auch aus.

Seelenimpuls

Ich bin hier, und ich werde mir jeden Tag bewusster, wer ich bin. Mir meines Selbst bewusst zu sein, bedeutet, dass ich mich vollkommen ehrlich anschaue, mit allem, was mich ausmacht. Ich verstecke mich nicht hinter Ausreden, und ich verurteile mich auch nicht für die eine oder andere Eigenschaft. Es ist alles so, wie es sein sollte. Und wenn es etwas gibt, was ich gern an mir verändern möchte, dann tue ich es. Das kann ich jederzeit! Ich verändere mich aber nicht für andere, sondern nur, wenn ich das Gefühl habe, dass diese Veränderung MICH glücklicher und ausgeglichener macht.

Ich nehme mich genau so an, wie ich bin, daher brauche ich mich auch vor anderen nicht zu verstellen. Ich gehe selbstbewusst auf andere Menschen zu, ohne eine Maske anzulegen. Wenn ich anderen mit Achtung und Respekt begegne, wird mir dies auch gespiegelt. Es mag durchaus auch Menschen geben, die mit meiner Art nicht so einfach umgehen können. Doch ich verbiege mich deshalb nicht, ich muss nicht jedem gefallen oder nach Anerkennung von anderen streben. Wenn jeder sich selbst treu bleibt, schaffen wir eine ehrliche Ebene, um uns miteinander auszutauschen. Und wenn wir auf keinen gemeinsamen Nenner kommen, werden sich unsere Wege wieder trennen. Auch das ist absolut in Ordnung: Jeder darf seines Weges gehen, einer Richtung folgen, die ihm passender erscheint.

Ich wertschätze mich mit all meinen Vorzügen. Und davon habe ich viele! Ich schaue nach innen und werde mir ihrer wieder bewusst. Ich schaue dabei nicht auf andere oder vergleiche mich. Ich bleibe einfach nur ganz bei mir. Denn es ist kein Zufall, dass ich genau so bin, wie ich nun einmal bin. Alles hat seinen Sinn und seine Berechtigung.

Selbstbewusst begegne ich der Welt und ziehe so immer noch mehr Begebenheiten an, die mir erlauben, mein wunderbares Sein auszudrücken.

ICH BIN unabhängig

Ich bin auf meinem ganz eigenen Weg und entscheide selbstbestimmt, in welche Richtung ich gehe.

Seelenimpuls

Kann es sein, dass jemand außer mir selbst, über mich und mein Leben bestimmen kann? Darauf gibt es nur eine klare Antwort: Nein! Ich bin absolut dazu in der Lage, ganz eigenständig zu erfühlen, welche die nächsten Schritte in meinem Leben sind. Ich spüre in mich hinein und vertraue meiner inneren Stimme, meiner Intuition, die weiß, wohin es für mich geht. Ich bin unabhängig von den Meinungen, Ratschlägen oder Vorschriften anderer Menschen. Gern höre ich aufmerksam zu, wenn mir jemand seine Gedanken zu einer Situation schildert und mir von seinen Erfahrungen berichtet. Denn vielleicht ist tatsächlich eine wichtige Information dabei, die mir helfen kann, meine eigene Entscheidung noch bewusster zu treffen. Doch ich lasse mir nichts von außen einreden oder mir den Willen eines anderen aufzwingen. Denn niemand außer mir selbst kann für mich entscheiden oder weiß besser, welcher Weg für mich der passende ist.

Ich bin dankbar für die Menschen in meinem Umfeld, die mir zur Seite stehen und mich in dem, was sich aus mir selbst heraus entwickelt, unterstützen. Ich liebe es, die Gemeinschaft stärkend hinter mir zu wissen. Doch ich lasse dabei nie meinen eigenen Weg und meine Intuition außer Acht. Ich übernehme die Verantwortung für mein Leben und weiß, dass ich in der Lage bin, meinen ganz eigenen Weg zu finden und auch zu gehen. Ich vertraue mir selbst und gehe meinen Weg selbstbestimmt – in jeder Beziehung. Ich tue nur das, was sich für mich wirklich richtig anfühlt, und lasse alles andere los. So kann ich sicher sein, mein Leben als wirklich eigenständiges Wesen zu erfahren.

ICH BIN Veränderung

Ich begrüße Veränderungen in meinem Leben, denn sie erweitern meine Möglichkeiten.

Seelenimpuls

Was wäre mein Leben ohne Veränderungen? Immerwährender Stillstand! Doch bin ich dafür hier? Ich weiß, dass Veränderungen nichts anderes als Geschenke des Universums an mich sind, um mein Leben noch interessanter und spannender zu machen, als es bisher schon ist. Es wird immer wieder Menschen geben, die in mein Leben kommen und auch wieder gehen. Einen Teil des Weges gehen wir gemeinsam. Wir lernen voneinander. Und je nachdem, was uns verbindet, bleiben sie länger oder verschwinden schon wieder nach kurzer Zeit. Das ist in Ordnung, denn ich weiß, dass wir im Innersten immer verbunden bleiben und uns eines Tages in anderer Form wieder begegnen werden. Ich bin offen dafür, auch anderen Menschen mein Herz zu öffnen, um mit ihnen wieder ganz neue Erfahrungen zu machen.

Um mich weiterzuentwickeln, wird sich jeder Bereich meines Lebens immer wieder einmal verändern. Das ist normal und nichts, was mich ängstigt. Ich halte nicht am Alten fest, wenn ich spüre, dass es mich zu neuen Ufern zieht. Wenn der Drang in mir immer größer wird, neue Erfahrungen zu machen, bin ich bereit. Ich öffne neugierig die Tür und schaue mir ruhig und interessiert an, was die Veränderungen mit sich bringen. Sie würden nicht an meine innere Tür klopfen, wenn sie nicht eindeutig etwas mit MIR zu tun hätten. Sie sind extra zu mir gekommen! Und das will etwas heißen!

Mein Leben ist spannend, und ich erlaube mir, mich mit Freude auf Veränderungen einzulassen. Es ist alles zu meinem Besten, auch wenn ich noch nicht abzusehen vermag, wohin die Reise geht. Ein bisschen Abenteuer darf ruhig sein und hält mich jung. Die Intensität kann ich selbst steuern, und wenn mir die Fahrt zu rasant wird, schalte ich einen Gang herunter. Alles ist gut, und ich freue mich auf die neuen Erfahrungen, die vor mir liegen.

ICH BIN verbunden

Ich bin ein Teil von allem Sein, ich bin tief und untrennbar verbunden mit dem großen Ganzen.

Seelenimpuls

Heute lege ich meinen Fokus auf die Gemeinsamkeiten mit anderen Menschen und nicht auf das Trennende. Ich bin auf ewig tief mit allem verbunden, was existiert, denn alles entstammt derselben Quelle. Unser Leben ist ein gemeinsamer Tanz der Energien, der uns bereichert, wenn wir es zulassen. Ich schließe meine Augen und spüre in mein Herz. Dort gibt es Platz für alle Menschen dieser Erde, egal, in welcher Beziehung sie zu mir stehen. Ich muss nicht mit jedem in engem Kontakt stehen, und ich muss auch nicht alles verstehen, was andere Menschen tun, sagen oder sind. Doch ich respektiere unsere tiefe Verbundenheit und ihren eigenen Weg.

Ich bin fasziniert von der Natur und dem Tierreich. Beides ist ebenfalls ein Teil von mir, und ich bin ein Teil von ihnen. Ich gehe achtsam mit ihnen um, weiß ich doch, dass auch sie fühlende Wesen und bewusste Energieformen sind. Ich schaue hin und beschäftige mich mit ihnen. Auch wenn sie im Vergleich zu mir vollkommen anders erscheinen, finde ich auch hier die Gemeinsamkeiten, den Lichtfunken in unserem Sein. Er spannt sich wie ein Netz durch alles Leben und lässt lichtvolle Energie von einem Herzen zum anderen fließen.

Trennung ist eine Illusion, die aus Angst und Mangel heraus entstanden ist. Unser aller Heimat ist jedoch das Licht und die bedingungslose Liebe, die alles so sein lässt, wie die Natur und die Quelle allen Seins es erschaffen haben. Ich öffne mein Herz und lasse meine Liebe und meinen Respekt zu meinen Mitgeschöpfen fließen. Das mögen Menschen sein, Tiere, denen ich begegne, ein Baum oder, worauf auch immer mein Augenmerk fällt. In dieser Gemeinschaft fühle ich mich sicher und geborgen. Ich bin ein Teil der göttlichen Lichtfamilie.

ICH BIN, wer ich bin

Alle meine Eigenschaften gehören zu mir und dürfen sein. Ich nehme mich so an, wie ich wirklich bin.

Seelenimpuls

Ganz egal, was ich in mir bisher als nicht liebens- oder lebenswert erachtet habe, ich höre jetzt auf, mich in einer solchen Art und Weise zu bewerten. Es gibt nichts an mir, was es zu verurteilen gäbe. Es hat einen bestimmten Grund, warum genau diese Eigenschaften, Gefühle und Gedanken bei mir sind. Ich blockiere sie nicht länger, sondern gestehe ihnen zu, sich durch mich auszudrücken und durch mich hindurchzufließen. Ich verstecke mich und meine Gefühle nicht länger, denn ich möchte und darf mich frei ausleben.

All das, was in mir ist, ist das, was mich ausmacht. Wer setzt die Maßstäbe an, die zeigen, dass etwas nicht sein darf? Ich bin, wer ich bin. Die Quelle allen Seins hat mich genau so, wie ich bin, ins Leben gerufen – die

Schöpfung hat mich genau so erschaffen. Meine bloße Existenz ist der pure Beweis dafür, dass ich richtig und gewollt bin, so, wie ich bin. Mögen andere Menschen über mich urteilen und mich bewerten, am Ende hat dies nur etwas mit ihrem eigenen Wertesystem und ihrem Unvermögen, andere so zu akzeptieren, wie sie sind, zu tun und nichts mit mir.

Ich erlaube mir, so zu sein, wie ich wirklich bin. Ich liebe mich für all das, was ich bin. Die Liebe ist dabei in jedem Augenblick meines Lebens meine Motivation – die Liebe zu mir selbst und auch zu allem anderen Leben. So gehe ich sicher, dass ich mein Sein frei ausleben kann, ohne andere dabei zu verletzen oder in ihrem eigenen Sein zu begrenzen.

Ich achte darauf, auch andere genau so wertzuschätzen, wie sie sind. Ich muss es nicht verstehen, wenn sie vollkommen anders handeln oder sind als ich, doch ich respektiere sie so, wie sie sind. Jedes Lebewesen ist ein wertvolles Geschenk des Lebens.

ICH BIN wertvoll

Mein Wert ist unabhängig davon, was ich leiste, und besteht einzig und allein dadurch, dass es mich gibt.

Seelenimpuls

Ganz tief in mir breiten sich wohltuende Ruhe und Frieden aus, denn endlich erkenne ich, dass mein innerer Wert nichts damit zu tun hat, was ich in meinem bisherigen Leben geleistet habe. Es spielt überhaupt keine Rolle, was ich beruflich mache, wie ich aussehe oder wie viel Geld ich habe. Das alles hat rein gar nichts damit zu tun, wie viel ich wirklich wert bin!

Es ist alles so viel einfacher: Ich bin ein Teil des großen Ganzen, und allein dadurch, dass es mich gibt, bin ich ein wertvolles und geliebtes Wesen. Die Quelle allen Seins liebt seine Schöpfungen alle gleichermaßen und wertet nicht nach Aussehen oder anderen äußeren Kriterien.

Werturteile der Gesellschaft, ganz egal, welcher Art, entstammen immer einem Bewusstsein der Angst oder des Mangels. Noch sind viele Institutionen in einem Konkurrenzdenken verhaftet, doch die Veränderungen hin zu mehr Wertschätzung für jeden Menschen, egal, was er vermeintlich im Außen leistet, sind bereits in vollem Gange. Jeder Mensch, der erwacht und sich bewusst wird, wie wertvoll jede einzelne Seele ist, trägt das Licht der Erkenntnis weiter.

So bin ich heute erfüllt von dem Wissen, dass ich schon immer wertvoll und geschätzt war. Nichts, was mir im Leben begegnet oder geschieht, kann dieses Wissen jetzt noch erschüttern. Mögen andere über mich und meine Eigenarten urteilen oder sich gar lustig machen. Mögen sie sich als etwas Besseres ansehen oder mich sogar abwerten, damit sie vermeintlich besser dastehen. Ich sehe hinter die Kulissen und verstehe, dass sie dies nur tun, weil sie ihren eigenen innersten Wert noch nicht wiedergefunden haben. Ich zeige ihnen durch mein Sein liebevoll, dass es auch anders geht und dass wirklich jeder von uns von unschätzbarem Wert ist.

ICH BIN zu Hause

Ich fühle mich in mir selbst zu Hause.
Ich bin endlich in meinem Innersten angekommen.

Seelenimpuls

Ich fühle mich nicht mehr fremd und entwurzelt, hier, wo ich bin. Denn mein Zuhause ist kein Ort außerhalb von mir, es ist das Licht und die Liebe in meinem Innersten, etwas, was ich immer bei mir habe!

Meine Sehnsucht nach zu Hause, die mich lange begleitete, stammte einzig und allein von meiner Suche nach mir selbst. Ich fühlte mich getrennt und allein gelassen und wusste noch nicht einmal von wem. Dieser Schmerz war manchmal so stark, dass ich lieber woanders gewesen wäre als dort, wo ich mich befand. Doch ich erkenne jetzt, dass das, was ich suchte, mein eigenes Licht war. Das liebevolle Licht in mir, das für mich Gott, Lehrer, Eltern und Inneres Kind in einem vereint. All das BIN ICH, und ich kann es jetzt auch wahrnehmen. Wenn ich mir die Zeit nehme, in mich hineinzuspüren, wenn ich mich auf das wundervolle Wesen konzentriere, das ich in Wahrheit bin, werde ich ganz still und ergriffen. In diesem Moment fühle ich diese unendliche Liebe, die in meinem Innersten nur darauf wartet, mich zu umhüllen, mich schützend in seine Arme zu nehmen, zu wiegen und bedingungslos zu lieben, egal, was ist. Dann bin ich vollständig bei und in mir und kann spüren, dass mein seelisches Zuhause immer in meinem Herzen wohnt. Dann spielt es keine Rolle, wo ich mich befinde, auf welchem Planeten, an welchem Ort oder was mir gerade geschieht! Nichts und niemand kann mich, nachdem ich mir jetzt dessen bewusst geworden bin, wieder aus diesem seelischen Heim herausreißen.

Dankbarkeit und Glück erfüllen mich und erhellen damit mein ganzes Leben. Welch ein Geschenk, dass ich endlich angekommen bin – IN MIR.

Danksagung

ICH BIN dankbar

ICH BIN dankbar und glücklich, dass DU gerade dieses Kartenset in deinen Händen hältst und ich DICH damit berühren und an dein wahres Selbst, an dein ICH BIN erinnern darf. Es gibts nichts Wichtigeres zurzeit, als dass wir uns alle wieder unserem tiefsten Sein öffnen und danach leben.

ICH BIN jeden Tag zutiefst dankbar, dass ich so leicht und intensiv die Energien der Liebe und des Lichts empfangen und in Bildern und Worten in diese Welt bringen darf. Ich empfinde dies als großes Geschenk, das ich von Herzen gern mit anderen Menschen teile.

ICH BIN dankbar für jeden einzelnen Menschen, der zu mir findet oder sich durch meine Werke berühren lässt. Sei es, dass er mit einem meiner Kartensets arbeitet, meine Bücher liest, seinen Wohn- oder Wirkraum mit meinen Kunstwerken energetisiert oder sich vielleicht sogar ein ganz persönliches Energiekunstwerk von mir anfertigen lässt.

Ich DANKE der Quelle allen Seins und meinem Höheren Selbst dafür, dass ich da bin, wo ich bin, und mich auch in jedem Augenblick weiterentwickle, lerne und mich selbst erinnere.

Meinen wunderbaren Verlegern Heidi und Markus Schirner, meinen zauberhaften Lektorinnen Kerstin Noack-Zakel und Elke Truckses und allen anderen lieben Mitarbeitern des Schirner Verlags bin ich dankbar für die Möglichkeit, meine Kartensets und Bücher den Menschen zugänglich machen zu dürfen.

ICH BIN dankbar für all die wundervollen Seelen, die an meiner Seite sind, zu allererst natürlich für meinen Mann, meine treuen, verrückten und einzigartigen Freunde und meiner Familie. In unserer Gemeinschaft können wir so sein, wie wir sind, gemeinsam wachsen und unsere Zeit auf dieser Erde genießen.

Das alles ist von unschätzbarem Wert – DANKE!
In Liebe, Shayana

Über die Autorin und Künstlerin

Gaby Shayana Hoffmann, geboren 1968 in Zürich, lebt seit 1999 in Deutschland und wirkt seit 2002 als spirituelle Künstlerin, Autorin und Impulsgeberin. Ihre energiereichen Kunstwerke, die auch unter dem Namen »Dolphins DreamDesign« bekannt sind, ihre Kartensets und Bücher erfreuen und inspirieren bereits weltweit viele Menschen. Ihre lichtvollen, multidimensionalen Energiebilder sowie deren Botschaften sind herzöffnend und berühren tief in der eigenen Seele. Sie erinnert den Betrachter und Leser in vielen unterschiedlichen Weisen daran, welch wunderbares und schöpferisches Wesen er selbst ist, welche Potenziale noch in ihm stecken, dass in seinem Leben noch so viel mehr möglich ist und dass jeder Mensch von Liebe und Wundern umgeben ist.

Die Energiekunstwerke aus diesem Kartenset wie auch viele andere – ebenso wie persönliche Energiebilder – sind über die Webseite *www.dolphins-dreamdesign.de* erhältlich.

Feedback oder Fragen können sehr gern an die E-Mail-Adresse *info@dolphins-dreamdesign.de* gerichtet werden.

ICH BIN ALLES

Ich bin in der Lage, alles in meinem Leben zu manifestieren, was ich mir vorzustellen vermag.

ICH BIN AUTHENTISCH

Nur als Original kann ich mich vollkommen entfalten und meiner Bestimmung folgen.

ICH BIN DANKBAR
Ich bin von Dankbarkeit und Wertschätzung erfüllt.

ICH BIN EIN MAGNET

*Die Energien, die ich aussende,
kommen in vielfacher Weise
wieder zu mir zurück.*

ICH BIN EINZIGARTIG

Ich bin begabt, talentiert und wunderbar – ich bin ein einzigartiges, lichtvolles Wesen.

ICH BIN EMPFÄNGLICH

Positive und liebevolle Energien versorgen mich beständig mit dem, was ich gerade brauche.

ICH BIN ERFOLGREICH

Ich folge meinem Herzen und ernte auf diesem Weg Freude, Erfüllung und Erfolg.

ICH BIN ERFÜLLT

Ich nehme die Fülle in mir und um mich herum wahr und fühle mich vom Leben reich beschenkt.

ICH BIN FOKUSSIERT

Ich lege meinen Fokus auf das, was mir wichtig ist. Ich bin klar und zentriert in meiner Ausrichtung.

ICH BIN FREI

Ich genieße die Freiheit, jederzeit das zu fühlen, zu denken und zu sein, was ich wirklich bin.

ICH BIN FÜR MICH DA

Egal, was geschieht, ich stehe mir selbst immer bei, ich bin immer für mich da.

ICH BIN GEFÜHRT

Ich spüre in mir die führende Kraft meiner liebenden Seele und höre auf meine innere Stimme.

ICH BIN GELASSEN

Ich lasse mich entspannt vom Fluss des Lebens tragen und bin vollkommen gelassen.

ICH BIN GELIEBT

Bedingungslos durchströmen mich Liebe und Wertschätzung, einfach weil es mich gibt.

ICH BIN GESEGNET

*Ich spüre, wie der liebevolle
Segen der Quelle allen Seins
in mir und durch mich wirkt.*

ICH BIN GESUND

Alle Zellen meines Körpers sind auf Harmonie, Vitalität und Gesundheit ausgerichtet.

ICH BIN GLÜCKLICH

Ich entscheide in jedem Augenblick meines Lebens selbst darüber, wie ich mich fühle.

ICH BIN GÖTTLICH

Ich fühle die schöpferischen Kräfte in mir und weiß, dass ich ein Teil der göttlichen Quelle bin.

ICH BIN GUT GENUG

Als ein Wesen des Lichts bin ich in jeder Beziehung und in jedem Augenblick immer gut genug.

ICH BIN IM FRIEDEN

Frieden entsteht immer zuerst in mir selbst und verteilt sich danach heilend in der Gemeinschaft.

ICH BIN IM HIER UND JETZT

Achtsam schätze ich den Augenblick und weiß, dass jetzt alles seinen Anfang nimmt.

ICH BIN IM VERTRAUEN

Alles in meinem Leben hat seinen Sinn, ich vertraue darauf, dass sich alles ineinanderfügt.

ICH BIN IN BALANCE

Ich achte darauf, dass sich meine Energien von Aktivität und Ruhe im Gleichgewicht befinden.

ICH BIN IN SICHERHEIT

Ich bin vollkommen sicher und geschützt durch meine Verbindung mit der Quelle allen Seins.

ICH BIN INTUITIV

*Ich höre auf meine innere Stimme
und meine intuitiven Eingebungen,
die mich jederzeit sicher leiten.*

ICH BIN KRAFTVOLL

Hoch schwingende, lichtvolle
Energie durchströmt mich und
lädt meine Kraftreserven wieder auf.

ICH BIN LEBENDIG

*Sprudelnde Energie durchfließt
mich und lässt mich die
Lebendigkeit des Seins spüren.*

ICH BIN LEBENSBEJAHEND

Ich sage Ja zu mir selbst –
ja, ich kann, ja, ich will,
ja, ich bin wundervoll.

ICH BIN LEBENSFREUDE

Ich entscheide mich dafür, mein Leben zu genießen und es mit Freude und Lachen zu füllen.

ICH BIN LEICHTIGKEIT

Ich lasse los, was mich belastet,
und erkenne, dass mein Leben
leicht sein darf.

ICH BIN
LICHT UND LIEBE

*Der wahre Kern meines Seins
ist strahlendes Licht und die
pure Energie der Liebe.*

ICH BIN MACHTVOLL

Ich nehme meine innere Macht an und setze sie verantwortungsvoll und ohne Zögern ein.

ICH BIN MIR SELBST TREU

Ich achte jederzeit auf mich und bleibe mir in jeder Beziehung selbst treu.

ICH BIN MITFÜHLEND

Ich fühle mit mir und auch mit anderen, ohne mich in die Energie des Mitleids zu begeben.

ICH BIN MUTIG

Ich erlaube mir, mutig neue Wege zu gehen, denn ich weiß, dass mir jede Erfahrung nur dienen kann.

ICH BIN SANFT ZU MIR

Ich bin liebevoll und sanft zu mir, ohne Selbstverurteilungen oder jegliche Selbstbestrafungen.

ICH BIN SCHÖPFERISCH

Ich erschaffe mir bewusst mit meinen Gedanken und Gefühlen das Leben, das sich für mich richtig anfühlt.

ICH BIN SELBSTBEWUSST

*Ich bin mir meines wunderbaren
und bemerkenswerten Selbst
bewusst und strahle das auch aus.*

ICH BIN UNABHÄNGIG

Ich bin auf meinem ganz eigenen Weg und entscheide selbstbestimmt, in welche Richtung ich gehe.

ICH BIN VERÄNDERUNG

Ich begrüße Veränderungen in meinem Leben, denn sie erweitern meine Möglichkeiten.

ICH BIN VERBUNDEN

Ich bin ein Teil von allem Sein,
ich bin tief und untrennbar verbunden
mit dem großen Ganzen.

ICH BIN WER ICH BIN

Alle meine Eigenschaften gehören zu mir und dürfen sein. Ich nehme mich so an, wie ich wirklich bin.

ICH BIN WERTVOLL

Mein Wert ist unabhängig davon, was ich leiste, und besteht einzig und allein dadurch, dass es mich gibt.

ICH BIN ZU HAUSE

Ich fühle mich in mir selbst zu Hause. Ich bin endlich in meinem Innersten angekommen.